中学入試 まんが攻略BON!

社会

歴史

上巻

Gakken

もくじ

この本の効果的な使い方

この本には、要点の理解と暗記のくふうがいっぱい！うまく使って、中学入試は完ペキ！

1 歴史の流れを確実《かくじつ》につかめる！

この本では、何が、どうして、どうなったという歴史の流れが、まんがでわかりやすく理解できるようにくふうされている！まんがを楽しく読みながら、歴史の流れがスイスイ理解できる！

また、所々にある囲み記事や、まんがの脇《わき》にある マメ知識 でも理解を深めよう。

2 重要ポイントをスピードチェック！

各まんがのあとには、その時代の 要点整理と重要事項《じこう》のまとめ のページがついている。ここをしっかり理解しておくだけでも、入試対策《たいさく》はバッチリだ。

重要事項の一問一答 で重要事項がしっかりつかめたかどうかを確認《かくにん》しておこう。

●この続きの江戸幕府の成立以後は、下巻にのっています。

3 重要用語の暗記ポイントをつかめ！

まんがの下には、入試によく出る 重要用語 の解説や 参考 事項の説明が出ている。まんがを読みながら確認しよう。

まんがの中にも 入試に出る！ 重要 があるよ。ここにも要注意だ！

4 入試問題で実戦力をつける！

本の最後には、実際に出題された入試問題をまとめた **入試問題にチャレンジ** というページもある。本番を意識して、勉強した内容を力試ししてみよう！

1 大昔のくらし

狩《か》りや漁《りょう》、採集《さいしゅう》をしてくらしていた旧石《きゅうせっ》器《き》・縄文《じょうもん》時代の生活はどのようなものだったのだろうか。そのようすを見ていこう。

1 旧石器時代の人々のくらし

今から数万年前、日本が大陸と陸続きだったころ、大型動物を追って人々が移《うつ》ってきた。
えものを追いかけてわしらも移動《いどう》だ！
重要
大陸
太平洋

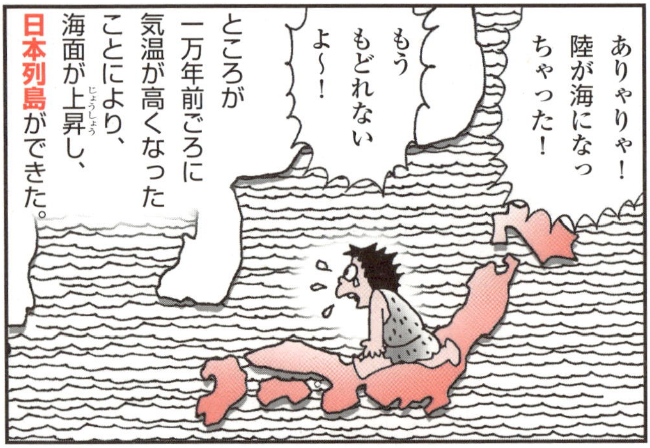
ありゃりゃりゃ！陸が海になっちゃった！
もうもどれないよ〜！
ところが一万年前ごろに気温が高くなったことにより、海面が上昇《じょうしょう》し、日本列島ができた。

こうなったらここで必死に生きていくぞ！
力をあわせてえものをとるんだ〜！
いい迷惑《めいわく》だ〜！
もっと強力な武器《ぶき》をつくろう。

参考 **大陸と日本列島**…約１万年以上前まで続いた氷河時代，海面は今より低くなり，日本列島と大陸が陸続きになっていた時期があった。

よーし、できた！でかいえものをとってくるぞ〜。
あなた！今日は狩りはいいから料理したり皮をはぐナイフをつくってちょうだい！
もっと着るものがほしいのよ。
それからもっと広いところに住みたいわ…。大きなほら穴《あな》をさがしてね。
そんなことやるの…？
つべこべいわない！
やれやれやっと仕事に行けるな。今日は川で漁《りょう》をしよう。
りょうかい！
あなたにしては上出来ね。

マメ知識

大型動物を追って日本列島にわたってきた旧石器時代の人々は、岩かげや洞くつ・簡単な小屋などに住み、食料を求めて移動しながらくらしていた。

もっとくわしく

日本の旧石器時代を代表する

岩宿《いわじゅく》遺跡《いせき》の発見

一九四六年、群馬《ぐんま》県笠懸《かさかけ》村（現在《げんざい》はみどり市）の丘で、行商をしながら遺跡を調査《ちょうさ》していた相沢忠洋《あいざわただひろ》さんによって黒曜石《こくようせき》の打製《だせい》石器が発見された。これがきっかけとなって、日本にも旧石器時代の遺跡があることがわかった。

この岩宿遺跡の発見により、日本に旧石器時代はないというそれまでの定説がくつがえされ、日本の旧石器時代研究が始まった。

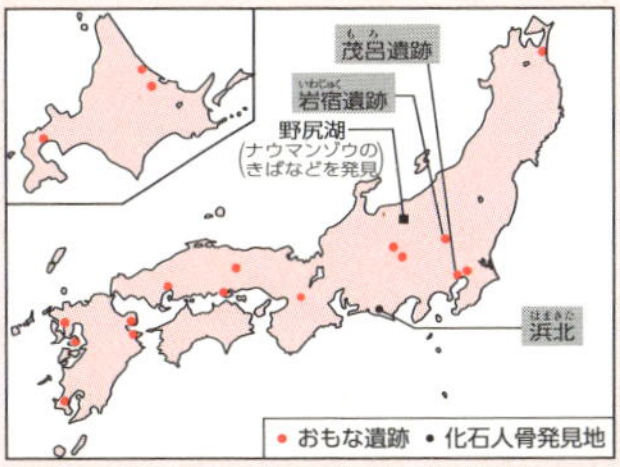
茂呂《もろ》遺跡
岩宿《いわじゅく》遺跡
野尻湖
（ナウマンゾウのきばなどを発見）
浜北《はまきた》
● おもな遺跡　■ 化石人骨発見地

↑旧石器時代の遺跡と化石人骨の発見地

重要用語

旧石器時代…道具はおもに石を打ちかいてつくった打製石器を使って，狩りや漁，木の実の採集を行っていた時代。土器《どき》はまだつくられていなかった。

2 縄文《じょうもん》時代の人々のくらし

やがて人々は海や川のそばで小さな集団《しゅうだん》をつくり、たて穴住居《あなじゅうきょ》を建てて住むようになった。
重要

入試に出る!

何してるの?
縄文土器《どき》をつくっているのよ。
土器は食べ物の煮炊《にた》きや保存《ほぞん》に使うんだよ。
コネコネ

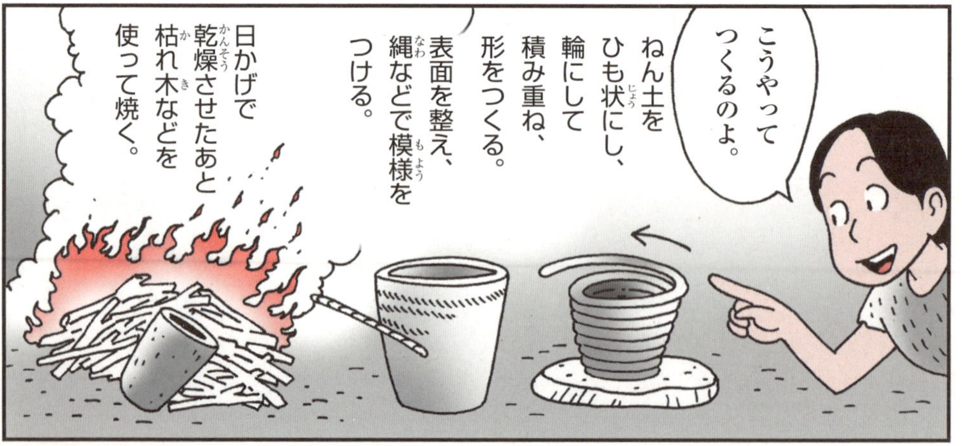
こうやってつくるのよ。
ねん土をひも状《じょう》にし、輪にして積み重ね、形をつくる。
表面を整え、縄《なわ》などで模様《もよう》をつける。
日かげで乾燥《かんそう》させたあと枯《か》れ木《き》などを使って焼く。

重要用語 **縄文土器**…縄文時代の土器。表面に縄目の文様《もんよう》があるものが多いため，縄文土器とよばれる。厚手《あつで》で，低温で焼かれたため黒《こく》かっ色をしている。

これ かわいいね。
これは土偶《どぐう》じゃ。おもちゃじゃないぞ。
さあ土偶を焼くから枯れ木を集めてきてちょうだい。
川に漁《りょう》に行くぞ。
ぼくも行く！食べ物のほうが大事だもんね。
こらっ！こっちも大事な仕事よ。
わしらは山へ狩《か》りに行ってくるよ。

マメ知識

縄文時代には、大型動物に代わりシカやイノシシ・ウサギなどを狩り、海や川で魚をとり、海辺で貝をとった。また、ドングリやクルミなどの木の実も食料とした。さらに、クリ・ヒョウタンなどの栽培《さいばい》を行っていた地域もある。

もっとくわしく

広く行われた縄文時代の交易《こうえき》

縄文時代には広く活発に交易が行われていた。三内丸山遺跡《さんないまるやまいせき》（青森県）では、新潟《にいがた》県糸魚川《いといがわ》市のヒスイ、北海道や秋田県・山形県などの黒曜石《こくようせき》、岩手県久慈《くじ》市のコハクが出土している。

縄文人は陸路以外にも、丸木舟《まるきぶね》に乗って海をわたったことがわかっている。こうした交易によって、技術《ぎじゅつ》や情報《じょうほう》も伝わっていったと考えられている。

黒曜石の交易が行われた地域
ヒスイの産地
三内丸山遺跡（青森《あおもり》県）
黒曜石
鳥浜貝塚《とりはまかいづか》（福井《ふくい》県）
黒曜石
黒曜石
黒曜石
大森《おおもり》貝塚（東京《とうきょう》都）

←縄文時代の交易

重要用語

たて穴住居…地面を数10㎝ほど掘《ほ》り下げて，数本の柱を立てて草やかやなどで屋根をふいた住まい。１つの住居にふつう１家族４～５人ほどが住んだ。

動物の骨《ほね》や角《つの》でもりやつり針《ばり》もつくられるようになり、
魚をつったり貝をとったりもしたよ。
しかし最近はえものが少なくなったなぁ…。
山へ狩《か》りに行った連中がイノシシでもしとめていればいいんだが…。
た…大変だ～！
山へ行った連中がクマにやられたー！
えものは少なくなってきているし…、
不幸がつづくな…。
魔《ま》よけのまじないをしよう。
なんたらかんたら
テケれっつのパーッ！

マメ知識

縄文時代には、打製石器のほかに、石をみがいて仕上げた磨製石器《ませいせっき》がつくられるようになった。刃がするどくなるようにみがいた石のおのは日本各地に広まり、木の棒《ぼう》をくくりつけるなどして、木を切るのに使われた。

重要用語

骨角器《こっかくき》…イノシシやシカ，鳥などの骨や角でつくった道具。漁《りょう》に使うつり針やもりのほか，腕輪《うでわ》や首飾《くびかざ》りなどの装飾品《そうしょくひん》もつくられた。

あっ
こんなところに
おいてある。
もーらった！
こらー！
土偶《どぐう》は
まじないの儀式《ぎしき》の
神聖《しんせい》な物じゃ。
そまつに
するでない！
まじないばかりに
たよっている
わけにもいかんな。
新しい
土地に
移《うつ》るか…。
狩りなどの自然に
たよる不安定な
生活をしていた人々は、
食料が得られなくなると
他の場所へ移ることも
あった。
重要

マメ知識

縄文時代後期の遺跡である大森《おおもり》貝塚（東京都）は、一八七七（明治《めいじ》十）年、アメリカの動物学者モースによって発見され、発掘調査《はっくつちょうさ》が行われた遺跡。この調査は日本ではじめて行われた遺跡の発掘で、日本の考古学の出発点となった。

もっとくわしく

縄文《じょうもん》時代の生活のあと

貝塚《かいづか》

縄文時代の遺跡《いせき》には、貝がらなどがまとまって積もっている場所がある。これを貝塚といい、当時のごみ捨《す》て場《ば》だったと考えられている。

貝塚からは貝がらのほかに、土器《どき》や石器《せっき》、動物や人の骨などが見つかり、貝塚を調査《ちょうさ》すると、人々がいつ、何を食べていたかなど、当時の生活のようすを知ることができる。また、貝塚の分布《ぶんぷ》から、当時の海岸線もわかる。

重要用語

土偶…縄文時代につくられた，女性《じょせい》や動物の形をした土製《どせい》の人形。豊《ゆた》かなえものや家族の幸せを願って，お守りや，まじないに使われたと考えられている。

ここは今の青森県
青森市あたりー。
うひゃー
でっかい
むらが
あるよ！
縄文《じょうもん》時代を代表するむら
三内丸山遺跡《さんないまるやまいせき》の
当時のようすだ…。
入試に出る！
こりゃ
何だろう？
太い柱だねぇ。
こら！
おまえたち
どこから
来た？
あわわわー。
あ…
あやしい者じゃ
ありませんよ
新しい土地を
さがして旅をして
いるだけですよ。

マメ知識

縄文時代、三内丸山の集落の人々はムササビやウサギなどの小動物、マダイやブリなどの魚を食べていた。また、集落の周辺にはクリやクルミの林をつくり、エゴマやマメ類を栽培《さいばい》していたことがわかっている。

参考 **三内丸山遺跡の大型掘立柱建物跡《ほったてばしらたてものあと》**…直径１ｍのクリの木の柱を６本使った，長方形の大型高床建物の跡と考えられているが，何に使われたのかはわかっていない。

マメ知識

縄文文化は東日本中心に発展《はってん》したと考えられていたが、鹿児島《かごしま》県で約九千五百年前の定住集落跡（上野原《うえのはら》遺跡）が発掘され、西日本にも独自《どくじ》な文化が発展していたことがわかった。

そ…それにしてもりっぱなむらですね。
エヘン！そうだろう。
こんな大きな建物ははじめて見ましたよ。
これはむらの共同《きょうどう》作業や集会のときに使う家だ。
何しろ五百人もの人間が住んでいるからな。
ふえ～そんなに！わたしたちもここに住まわせてもらえないでしょうか？
よ～し！こき使ってやるぞ。
こい！
ハハハ…そういう意味じゃなくて…。

もっとくわしく

縄文時代のおどろきのむら 三内丸山遺跡

三内丸山遺跡（青森県）は五千五百年ほど前から千五百年以上続いた縄文時代の大集落跡《あと》。大型のたて穴住居《あなじゅうきょ》や大型掘立柱《ほったてばしら》建物の跡をはじめ、大量の土器や土偶《どぐう》などが出土した。

発掘調査《はっくつちょうさ》の結果、多いときで五百人もの人が定住生活をしていたと考えられている。それまでの「小規模《しょうきぼ》なむらで狩《か》りや漁《りょう》、採集《さいしゅう》をしていた」という縄文時代のイメージをぬりかえた遺跡である。

参考　**三内丸山遺跡の大型たて穴住居跡**…一般的《いっぱんてき》なたて穴住居の約30倍の大きさである。集落の中央に多いことから，集会所・共同作業所・共同住宅などの説がある。

② 米づくりのくらし

米づくりや金属器《きんぞくき》の使用が本格的《ほんかくてき》に始まり、むらからくにへと大きく発展《はってん》していく弥生《やよい》時代のようすを見ていこう。

1 弥生時代の人々のくらし

紀元前
四世紀ごろ
入試に出る!
大陸から米づくりの技術《ぎじゅつ》が伝えられると急速に日本各地に広まっていった。
ここはオレたちのむらとずいぶんちがうな。
あれ？みんなで何かやっているぞ。

枯《か》れた草をつんでどうするんだ？
オホホ…草じゃないわ。米よ。稲《いね》の穂《ほ》をつんでいるのよ。
石包丁《いしぼうちょう》

コメ？稲の穂？なんじゃそりゃ？
?

やぁはじめまして。物々交換《こうかん》にきたのかい？
ああこの毛皮と何か交換してもらおうと思ってね。

重要用語

石包丁…稲《いね》の穂先《ほさき》をつみ取るための石器《せっき》。半月形のものが多く，石の一辺が刃《は》になっている。

お近づきのしるしに米の味を教えてあげよう。
え？コメって食べ物なの？
こ…こりゃうまい！
もう一ぱい！
アハハハそうだろ。
この米は保存《ほぞん》ができるんだよ。
えものが少なくても飢《う》えずにすむからオレたちはここに定住しているんだよ。
みんなが飢えずにすむほどたくさんとれるのか？

マメ知識

弥生時代には米づくりとともに、青銅器や鉄器などの金属器も伝わった。人々は定住してむらをつくり、人々を指導《しどう》する支配者《しはいしゃ》が現《あらわ》れて、身分や貧富《ひんぷ》の差が生まれた。

もっとくわしく

米づくりはどこで始まった？

稲が世界で最初に栽培《さいばい》されたのは、以前は長江の中・下流域などとされていた。近年は珠江の中流域を起源《きげん》とする説が有力だ。大陸から朝鮮《ちょうせん》半島南部を経由して日本に伝えられたと考えられるが、東シナ海をわたって直接伝わったという説もある。

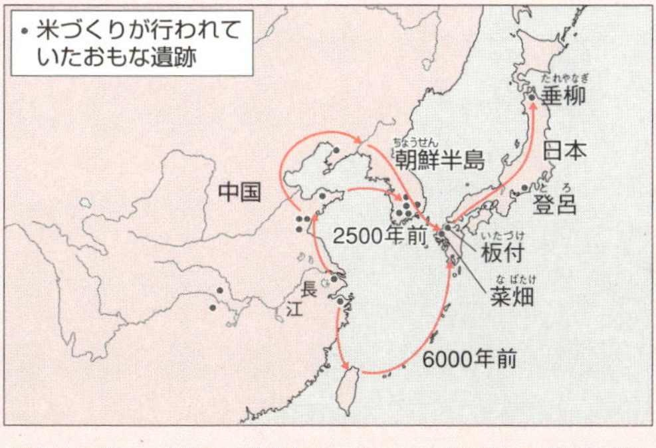
・米づくりが行われていたおもな遺跡
垂柳《たれやなぎ》
日本
朝鮮半島《ちょうせんはんとう》
中国
登呂《とろ》
2500年前
板付《いたづけ》
長江
菜畑《なばたけ》
6000年前

参考

米づくりの広がり…中国や朝鮮半島から移り住んだ人々によって九州に伝えられた米づくりは，西日本からしだいに東日本へと広まっていった。

つくり方を教えてくれ〜！
じゃあ毛皮をあと十枚《まい》だぞ。
コメっけいこというなよ。
まず春に田んぼづくりだ。
田のまわりの土がくずれるのを防《ふせ》ぐために矢板《やいた》をうって、
モミをまいて、苗《なえ》を育てる。
マメ知識

米づくりが始まると、人々は水田の近くに、むらをつくってたて穴住居に住んだ。米はたくさんとれると、たくわえることができるので、むらは豊かになり、人口もふえていった。

参考　**矢板**…あぜ道の土くずれや水もれを防ぐために補強《ほきょう》した平らな板で，一方がとがっている。田と水路やあぜ道の境目《さかいめ》にならべて打ちこんだ。

梅雨《つゆ》がすぎ暑い夏がすぎて…秋になったら取り入れだ。
手間もかかるし大変だが、まいたモミが何倍にもなって収穫《しゅうかく》できるんだ。
苦労なんてふっとんじゃうよ。

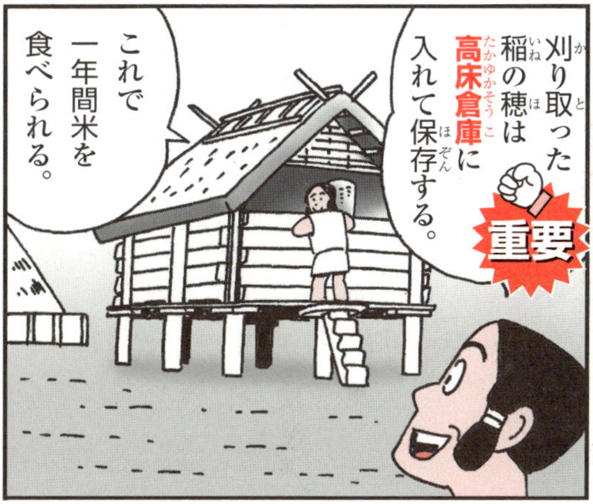
刈《か》り取《と》った稲《いね》の穂《ほ》は高床倉庫《たかゆかそうこ》に入れて保存《ほぞん》する。
重要
これで一年間米を食べられる。

この倉庫はねずみが入れないようになっているんだよ。
ねずみ返し

マメ知識

弥生時代の終わりごろになっても、北海道と沖縄《おきなわ》では米づくりは行われず、狩《か》りと漁《りょう》、採集《さいしゅう》を中心とする独自の文化が生まれた。各地の交流は活発で、北海道の遺跡から奄美群島《あまみぐんとう》や沖縄でとれる大型巻《ま》き貝《がい》でつくった腕輪《うでわ》などが出土している。

もっとくわしく

お米はどうやって食べたの？

弥生《やよい》時代の遺跡《いせき》から出土したかめには、水がふきこぼれた跡《あと》や、底に米粒《こめつぶ》のついているものがあり、現在《げんざい》と同じく煮《に》たり、炊《た》いたりして食べたと考えられている。

弥生時代末期からはこしきという大型の蒸《む》し器《き》を使い、現在の赤飯のようにむして食べることもあった。

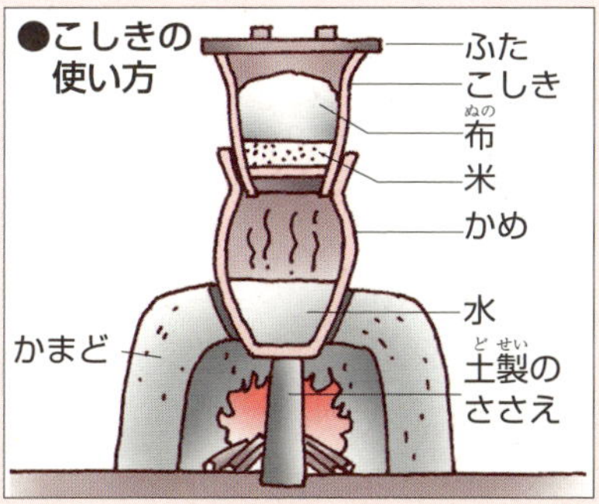
●こしきの使い方
ふた
こしき
布《ぬの》
米
かめ
水
かまど
土製《どせい》のささえ

重要用語　**高床倉庫**…収穫した稲は高床倉庫に，稲穂《いなほ》のまま保存した。高床倉庫は湿気《しっけ》をさけるために床《ゆか》を高くし，ねずみを防ぐねずみ返しが設《もう》けられた。

マメ知識

最近の研究で、これまで紀元前四世紀ごろとされていた弥生時代の始まりを、さらに五百年ほどさかのぼり、紀元前十世紀ごろと考える説も出ている。

へぇ いろんな道具があるんだね。
この土器はうちのむらの土器よりうすくてかたいしきれいだな。
入試に出る!
弥生土器《やよいどき》
こ…これはなんだ?
重要
それは青銅《せいどう》でできた銅鐸《どうたく》だよ。祭りや祈《いの》りをささげるときに使うんだよ。
米づくりも青銅器も大陸から伝わってきたんだ。この矛《ほこ》と剣《けん》も大陸から伝わってきた技術《ぎじゅつ》でつくったんだよ。
すごい!
すすんでる
モタモタするなよ!
あの人ずいぶんエラそうにしているね。
あれはこのむらのカシラだよ。
カシラ?
米づくりの指導者《しどうしゃ》がむらをまとめているんだ。このむらで一番えらいんだよ。

重要用語

弥生土器…弥生時代につくられた赤《せき》かっ色の土器。縄文土器にくらべて，うすくてかたい。現在の東京都文京区《ぶんきょうく》弥生ではじめて発見され，この名がついた。

ありがとう
モミをもらっていくよ。
教えたとおりにやるんだよ。

がんばれよ！
むらに帰ったら米づくりの指導をしてキミたちがカシラだぞー
へぇ～そうカシラ。
ド…！

マメ知識

米づくりは多くの人々の共同《きょうどう》作業を必要としたので、集団《しゅうだん》をまとめる指導者が必要になった。指導者はやがてむらの支配者となり、社会に身分の差や貧富《ひんぷ》の差が生じた。

もっとくわしく

金属器《きんぞくき》の伝来とその使用

弥生《やよい》時代には、米づくりとともに、大陸から青銅器や鉄器などの金属器も伝えられた。

青銅器には、銅鐸や銅剣《どうけん》、銅《どう》矛《ほこ》、銅鏡《どうきょう》などがあり、おもに宝《ほう》物《もつ》として祭りに使われたといわれる。

一方鉄器は、農具をつくるための工具や武器《ぶき》など実用品として使われ、農業生産を高め、支《し》配者《はいしゃ》の力を強めた。

重要用語

銅鐸…釣鐘状《つりがねじょう》の青銅器で，祭りに使われた。高さは20cm前後から150cm。脱穀のようすなど，弥生時代の人々の生活のようすが描かれているものもある。

2 むらからくにへ

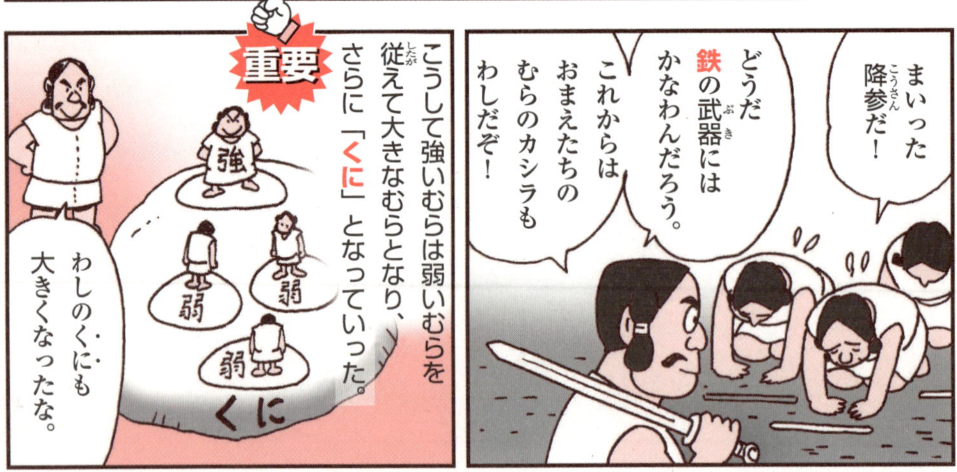

重要用語

奴国… 1 世紀ごろ，現在の福岡市付近にあった小国。中国の歴史書『後漢書《ごかんじょ》』東夷《とうい》伝《でん》に，奴国の王が後漢に使いを送り，皇帝から金印をさずけられたと記されている。

もうまわりにはたいしたくにもない。海の向こうの「漢《かん》」の皇帝にオレの支配者としての地位を認めてもらおう。
おまえが使者として行ってこい。
ゲッ
重要
五七年奴国《なこく》の王が漢に使者を送った。
このころの船旅は命がけなんだぜ。
そして漢の皇帝《こうてい》から金印をさずかった。
時代は変わって江戸《えど》時代の後半、志賀島《しかのしま》（福岡県《ふくおか》）の農民が金印を発見した。
わぁ金だ！
この金印が奴国《なのくに》の王《おう》のものだといわれている。

マメ知識

弥生時代には、米づくりに必要な水やたくわえた米をめぐってむらどうしの争いが起こるようになった。弥生時代の集落は、争いに備えて周囲に堀や柵をめぐらしているものが多い。

もっとくわしく

弥生《やよい》時代最大級の集落

吉野ヶ里遺跡《よしのがりいせき》

吉野ヶ里遺跡（佐賀県《さが》）は、国内最大級の弥生時代の集落跡《あと》。たて穴住居跡《あなじゅうきょあと》や、高床倉庫跡《たかゆかそうこあと》のほか、銅剣《どうけん》、銅鐸《どうたく》などが出土《ど》。また、集落全体を堀《ほり》と土塁《るい》、柵《さく》で囲み、物見やぐらを建てて敵《てき》を見張《みは》っていたことがわかった。

この遺跡からは弥生時代の数百年間にわたる遺構《いこう》が見つかっており、むらからくにへの発展《はってん》のようすがわかる。

重要用語

漢…秦《しん》につづく中国の統一王朝で，前漢《ぜんかん》（紀元前202～紀元後８年）と後漢《ごかん》（25～220年）に分かれる。奴国の王がみつぎ物を持った使者を送ったのは後漢。

③大和政権《やまとせいけん》の誕生《たんじょう》と拡大《かくだい》

弥生《やよい》時代末には女王卑弥呼《ひみこ》が登場し、その後奈良盆地《ならぼんち》には強大な大和政権が生まれた。その拡大と発展《はってん》のようすを見ていこう。

1 卑弥呼と邪馬台国《やまたいこく》

三世紀ごろ
邪馬台国の女王
卑弥呼は三十ほどの
小国を治めていた。
入試に出る！
姉上は
この宮殿《きゅうでん》に住み、
うらないや
まじないで
政治《せいじ》を行って
いるんじゃ。

もともと
この辺の
小国どうしは
争いがたえな
かったが、
姉上…、つまり
卑弥呼様が
治めるように
なってから
平和になり、
小国が大きな国に
まとまったんじゃ。

卑弥呼様に
会えるのは
弟のこの
わしだけじゃ。
姉上
今度の
お告げは？
大陸の国に
使者を送り、
うしろだてに
なってもらえ…
とのお告げじゃ。
ははっ
ではさっそく。

重要用語 **卑弥呼**（生没年不詳《せいぼつねんふしょう》）…中国の歴史書である『魏志』倭人伝に記された邪馬台国の女王。神に仕え，うらないによって政治を行った。

二三九年
卑弥呼は
魏《ぎ》に使者を
送った。
倭国の使者よ
帰ったら女王に
伝えよ。
魏は邪馬台国を
応援《おうえん》するぞ。
魏の皇帝《こうてい》は卑弥呼に
「親魏倭王《しんぎわおう》」の称号《しょうごう》と
金印・銅鏡《どうきょう》などを
おくった。
重要
数年後
卑弥呼が
死んだとき、
人々は
なげき悲しみ
大きな墓《はか》を
つくって
埋葬《まいそう》した。
卑弥呼の
死んだあとは
男の王を
たてたが、
国の中で
争いばかり
起きるように
なった〜。
卑弥呼の
一族で
十三歳《さい》の
壱与《いよ》が女王になり、
やっと国に
平和がもどった。

マメ知識

中国の歴史書『魏志』倭人伝には邪馬台国への道順が記されているが、記述《きじゅつ》があいまいなため、邪馬台国の正確《せいかく》な場所はわかっていない。近畿《きんき》（大和《やまと》、奈良県）説と九州説が有力とされている。

もっとくわしく

卑弥呼の墓か？

箸墓古墳《はしはかこふん》

箸墓古墳（奈良県《なら》桜井市《さくらい》）は、三世紀後半につくられた前方後円墳《ぜんぽうこうえんふん》で、邪馬台国の女王卑弥呼か、その関係者の墓だとする説がある。

『魏志《ぎし》』倭人伝《わじんでん》には「卑弥呼が死ぬと、大きな墓をつくった」とあり、邪馬台国が奈良にあったなら、箸墓古墳が大きさや建造《けんぞう》時期が一致《いっち》するという。しかし、くわしい調査《ちょうさ》が行われていないため、何もわかっていない。

↓空から見た箸墓古墳

（学研・写真資料センター）

重要用語

魏…後漢がほろんだあと，呉《ご》・蜀《しょく》とともに中国を支配した国。この時代を三国時代という。魏は中国北部を支配《しはい》し，三国のなかでも強大で，邪馬台国とも交流があった。

2 大和政権《やまとせいけん》の誕生《たんじょう》と拡大《かくだい》

三世紀後半、大和地方（現在《げんざい》の奈良県《なら》）では、勢力《せいりょく》の強い豪族《ごうぞく》たちを中心として一つにまとまるようになった。
わしらは五世紀には九州地方から東北地方南部を従《したが》えて強大な統一《とういつ》国家をつくったんじゃ。
この国家を大和政権、その政府を大和朝廷《やまとちょうてい》というんじゃ。
重要
※大和政権は大和王権，ヤマト王権ともよばれる。

そしてわしは支配者《しはいしゃ》の大王《おおきみ》《だいおう》だ。
えらいんじゃぞわっはははは。
しかしどんなにえらくても年には勝てん。
わしの力をいつの世までも示《しめ》す方法はないものか…。

そうだ！ここにだれにも負けんような大きな墓《はか》をつくろう！
さっそくとりかかります。

重要用語

大王…大和政権の王のこと。のちに天皇とよばれるが，その時期は，6世紀末の推古天皇のころとする説と，7世紀後半の天武《てんむ》・持統天皇《じとうてんのう》のころとする説がある。

いやぁ〜
でっかい
墓だなぁ。

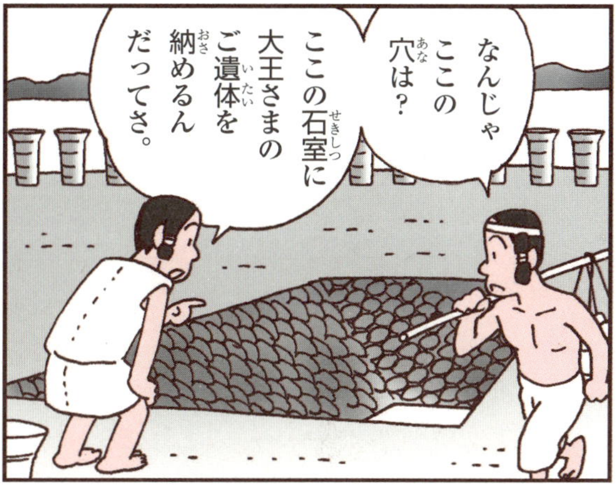
なんじゃ
ここの
穴《あな》は？
ここの石室《せきしつ》に
大王さまの
ご遺体《いたい》を
納《おさ》めるん
だってさ。

古墳の
まわりや
頂上には
このような
はにわを
並べるんだ。
重要

マメ知識

百舌鳥《もず》古墳群《こふんぐん》（大阪府《おおさか》堺市《さかい》の古墳群）にある大仙《だいせん》（大山）古墳は、五世紀につくられた全長約四八六メートルの日本最大の前方後円墳。仁《にん》徳陵古墳《とくりょう》ともいう。大王の墓といわれ、大和政権の強大さをよく表している。

もっとくわしく

いろいろある古墳《こふん》の形

古墳は三世紀後半から六世紀末ごろにかけてつくられた、大王や豪族をほうむるための墓である。

円墳《えんぷん》・方墳《ほうふん》・前方後円墳《ぜんぽうこうえんふん》・前《ぜん》方後方墳《ぽうこうほうふん》などがあり、近畿《きんき》地方を中心に九州地方から東北地方まで分布《ぶんぷ》している。巨大《きょだい》な古墳の多くは前方後円墳である。

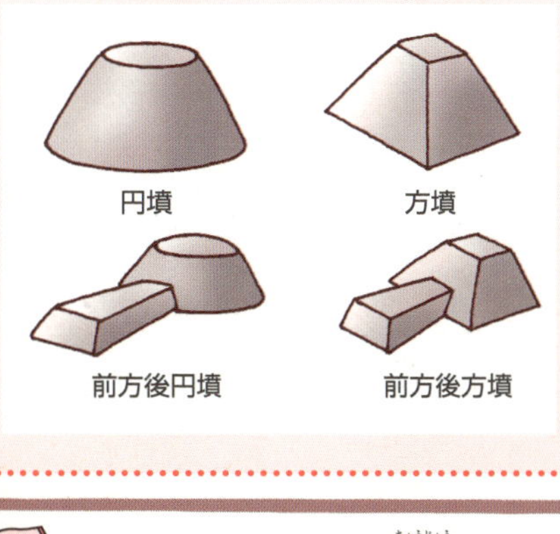
円墳
方墳
前方後円墳
前方後方墳

重要用語

はにわ…古墳の周囲や頂上《ちょうじょう》にならべた土製品《どせいひん》。円筒形《えんとうけい》をしたもののほか，人物・家・動物・船などさまざまな形があり，当時の人々の生活や社会のようすを知ることができる。

マメ知識

八世紀につくられた歴史書『古事記《こじき》』と『日本書紀《にほんしょき》』に記されているイザナギ・イザナミの国生《くにう》みなど、神々の物語（日本神話）は、朝廷の起源を説明し、その権威《けんい》を高めるためにつくられたものである。

参考 **クマソ（熊襲）**…『古事記』『日本書紀』などに登場する南九州の地域名，またはその地域に住んでいた人々。大和政権に従わず，最終的には支配されたとされる。

動くと命はないわよ。
じゃなかった…ないぞ!
あわわわわ男だったのか～!
ま…まいった降参《こうさん》するよ。みんな武器《ぶき》をすてろ。
これからは大和政権に従《したが》うよ。
よしっクマソを大和政権にくまそう!
このヤマトタケルの物語は神話の中の物語だが、大和政権が各地の豪族《ごうぞく》を従えていったことは歴史的事実である。

マメ知識

ヤマトタケルは『古事記』では天皇である父との不和に苦しみつつ戦う悲劇《ひげき》の英雄としてえがかれているのに対して、『日本書紀』では天皇に忠誠《ちゅうせい》をつくす国家の英雄としてえがかれている。

もっとくわしく

大和政権《やまとせいけん》の統一《とういつ》の象徴《しょうちょう》

ヤマトタケルノミコト

ヤマトタケルは、『古事記《こじき》』『日本書紀《にほんしょき》』では、天皇《てんのう》に命じられて九州地方南部のクマソや東北地方のエミシを平定した英《えい》雄《ゆう》とされている。

しかし、彼《かれ》は実在《じつざい》した人物ではなく、大和政権のために戦った多くの勇者たちを一人の英雄にまとめ上げて後世に伝えたと考えられている。

『古事記』『日本書紀』にえがかれたヤマトタケルの物語から、大和政権が支配を広げるようすを見ることができる。

参考　**オウスノミコト**…クマソの首長クマソタケルがオウスノミコトに討《う》たれたとき，その勇気をたたえてタケルの名をおくったので，以後ヤマトタケルと名のった。

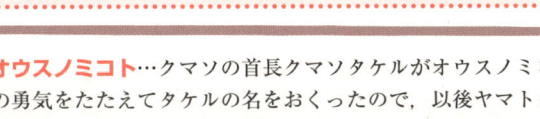

3 大陸文化の伝来

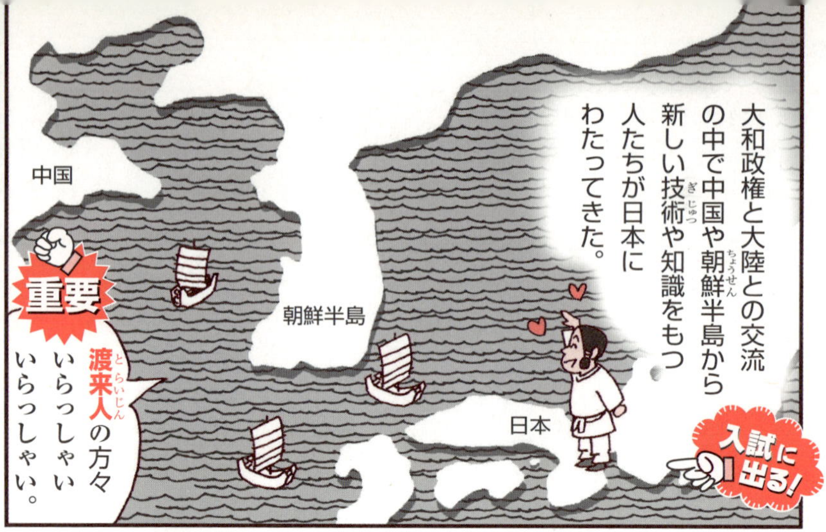
大和政権と大陸との交流の中で中国や朝鮮《ちょうせん》半島から新しい技術《ぎじゅつ》や知識をもつ人たちが日本にわたってきた。
中国
朝鮮半島
日本
入試に出る!
重要
渡来人《とらいじん》の方々いらっしゃいいらっしゃい。

よく来てくれた。
わたしは鉄器をつくる技術者《ぎじゅつしゃ》です。
わたしは養蚕《ようさん》…、そして機織《はたお》りの技術者です。
わたしは土木技術者です。
用水路、墓《はか》づくり何でもおまかせください。

土木工事や道具ばかりにとらわれてはいけません。
これは漢字という文字ですが、
この文字を使って教養を身につけたり、朝廷《ちょうてい》の記録もつけなくてはなりません。
記録か…なるほどね。

重要用語

渡来人… 4 ～ 7 世紀ごろ，朝鮮半島や大陸から一族でまとまって日本に移《うつ》り住《す》んだ人々。日本にさまざまな技術や知識をもたらし，朝廷で活躍《かつやく》する者もいた。

教養といえば み仏《ほとけ》の教えを 学ばれては いかがで しょうか。
大王《おおきみ》《だいおう》 このみ仏の 像《ぞう》をごらん ください。
これは すばらしい。
み仏の教え… 仏教《ぶっきょう》はまことに 深いものです。
大陸では 昔からみ仏を うやまって おります。 大王もぜひ…。
バカをいうな! わが国には 昔から立派《りっぱ》な 神々がおるわい。
そんなもの ほっとけ~! …じゃ。
まあまあ… みんな、 この国で くらして 大和政権《やまとせいけん》に 仕えて くれんか。
わかりました。 喜んで お仕えします。

マメ知識

渡来人は漢字と儒教《じゅきょう》のほか、かんがい工事や堤防《ていぼう》づくりなどの土木技術、造船《ぞうせん》・養蚕・機織り・須恵器《すえき》づくりなどの生産技術などを日本に伝えた。須恵器はそれまでのものとは異《こと》なり、ろくろを使い、窯《かま》で焼いてつくるので、かたくてこわれにくい土器。

もっとくわしく

インドから伝わった

仏教の広がり

仏教は紀元前五(六)世紀ごろにシャカが説いた教え。のちに、個人《こじん》の修行《しゅぎょう》を重んじる上座部《じょうざぶ》(小乗《しょうじょう》)仏教《ぶっきょう》と、多くの人を救おうとする大乗仏教《だいじょうぶっきょう》に分かれた。

上座部仏教はおもに東南アジア、大乗仏教は中国へ伝えられた。日本へは、五三八年、百済《くだら》から正式に伝わった。(※五五二年の説もある。)

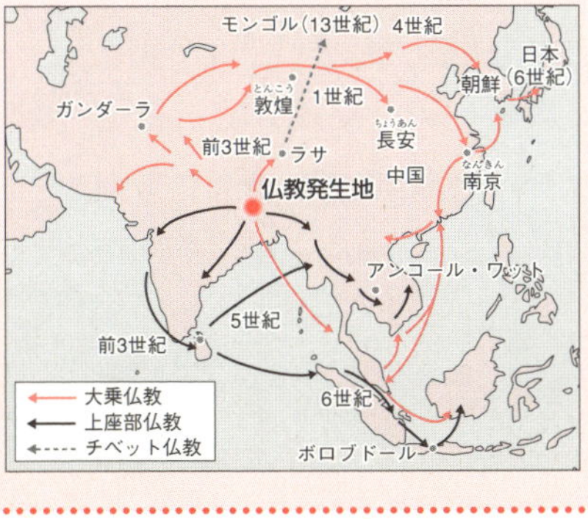
モンゴル(13世紀)
4世紀
日本(6世紀)
朝鮮
ガンダーラ
敦煌《とんこう》
1世紀
長安《ちょうあん》
前3世紀
ラサ
中国
南京《なんきん》
仏教発生地
アンコール・ワット
5世紀
前3世紀
6世紀
ボロブドール
大乗仏教
上座部仏教
チベット仏教

参考 **渡来人が伝えた漢字の使用**…江田船山古墳《えたふなやまこふん》(熊本県《くまもと》)出土の鉄刀《てっとう》や稲荷山古墳《いなりやま》(埼玉《さいたま》県)出土の鉄剣《てっけん》に刻《きざ》まれた文字から,5世紀中ごろの漢字の使用が確認《かくにん》されている。

要点整理と重要事項のまとめ①

①大昔のくらし(旧石器時代《きゅうせっきじだい》～縄文時代《じょうもんじだい》)

①旧石器時代の人々のくらし

- **大陸と陸続き**…ナウマンゾウやオオツノジカや人がわたってくる。
- **生活**…ほら穴《あな》などに住み，狩《か》りや木の実などの採集《さいしゅう》，漁《りょう》を営《いとな》む。**打製石器《だせいせっき》**を使う。

②縄文時代の人々のくらし

- **縄文時代の始まり**…**約1万年前**に日本列島ができる。
- **生活**…**たて穴住居《あなじゅうきょ》**に住み，**縄文土器《じょうもんどき》**や**磨製石器《ませいせっき》**，**骨角器《こっかくき》**を使う。**貝塚《かいづか》**は当時の人々のくらしを知る手がかりに。

②米づくりのくらし(弥生時代《やよいじだい》)

①弥生時代の人々のくらし

- **米づくり**…紀元前4世紀ごろ，大陸から九州北部に伝わり，西日本から東日本に広まる。
- **道具**…うすくてかたい**弥生土器《やよいどき》**や，**金属器《きんぞくき》**（**鉄器《てっき》**・**青銅器《せいどうき》**）が使われる。

②むらからくにへ

- **支配者《しはいしゃ》の出現《しゅつげん》**…**貧富《ひんぷ》の差**が生まれ，有力者が農作業や戦いを指導《しどう》するようになる。
- **くにの成立**…むらどうしの争いが起こり，強いむらが弱いむらを従《したが》え，小さな**くに**に発展。

③大和政権《やまとせいけん》の誕生《たんじょう》と拡大《かくだい》(古墳時代《こふんじだい》)

①卑弥呼《ひみこ》と邪馬台国《やまたいこく》

- **邪馬台国**…3世紀ごろ，女王**卑弥呼**が**魏《ぎ》**に使者を送る。

②大和政権の誕生と拡大

- **大和政権（大和朝廷《やまとちょうてい》）**…3世紀後半に大和地方の豪族《ごうぞく》たちが連合。大王《おおきみ》《だいおう》。**前方後円墳《ぜんぽうこうえんふん》**などが各地につくられる。
- **支配《しはい》の拡大**…5世紀ごろまでに九州～東北地方南部を支配。

③大陸文化の伝来

- **渡来人《とらいじん》**…中国や朝鮮《ちょうせん》半島から日本に移住《いじゅう》。**漢字**や土木《どぼく》技術《ぎじゅつ》，**仏教《ぶっきょう》**などを伝える。

重要事項の一問一答①

1 大昔のくらし（旧石器時代～縄文時代）

（答え記入欄）

①1万年以上前に使われていた，石を打ちかいてつくった石器を何といいますか。……

②約1万年前ごろから使われていた，縄目《なわめ》の文様《もんよう》のついた土器を何といいますか。……

③地面を掘《ほ》り下《さ》げて，草やかやで屋根をふいた住まいを何といいますか。……

④人々が食べて捨《す》てた貝がらなどが積もってできた遺跡《いせき》を何といいますか。……

2 米づくりのくらし（弥生時代）

①紀元前4～3世紀ごろから紀元3世紀ごろまでを何時代といいますか。……

②①の時代に使われていた，かざりが少なく，うすくてかたい土器を何といいますか。……

③稲《いね》などをたくわえるためにつくられた，床《ゆか》を高くした倉庫《そうこ》を何といいますか。……

④青銅器と鉄器のうち，おもに工具や武器《ぶき》に使われたのはどちらですか。……

3 大和政権の誕生と拡大（古墳時代）

①3世紀ごろ，中国の魏に使者を送った邪馬台国の女王はだれですか。……

②古墳のうち，四角形と円形を組み合わせた形のものを何といいますか。……

③古墳のまわりや頂上《ちょうじょう》に置かれていた素焼《すや》きの土製品を何といいますか。……

④中国や朝鮮半島から日本に移《うつ》り住《す》み，文化や技術を伝えた人々を何といいますか。……

答え 1 ①打製石器　②縄文土器　③たて穴住居　④貝塚　2 ①弥生時代　②弥生土器　③高床倉庫《たかゆかそうこ》　④鉄器　3 ①卑弥呼　②前方後円墳　③はにわ　④渡来人

第2章 貴族のくらし

④ 聖徳太子《しょうとくたいし》の政治《せいじ》

聖徳太子は天皇《てんのう》中心の政治をめざし、中国から政治制度《せいど》や文化を学ぼうとした。そのようすを見ていこう。

1 聖徳太子の政治

六世紀になると大和《やまと》の豪族《ごうぞく》たちは政権《せいけん》をめぐって権力《けんりょく》争いを起こすようになった。
なかでもわしら蘇我氏《そがし》は天皇と親せき関係をもち…、渡来人《とらいじん》とも手を結んで勢力《せいりょく》を強くしたんだ。
わしは国の財政《ざいせい》をみているし、
役人の取り立てはわしの好きなようにするぞ…。
まるで天皇きどりではないか。しかもわしのきらいな仏教《ぶっきょう》を広めようとしている。いまいましい！
物部氏《もののべし》

こらっ！わが国には昔からの神への信仰《しんこう》があるんだぞ！
それでも仏教が一番じゃ！
信仰をめぐって物部氏と蘇我氏の二大勢力が激突《げきとつ》した。

重要用語

物部氏…大和政権《やまとせいけん》で軍事を担当《たんとう》した有力豪族。仏教の受け入れなどをめぐって蘇我氏と対立し，587年，蘇我氏にほろぼされた。

マメ知識

代々続いていた蘇我氏と物部氏の対立は、蘇我稲目《そがのいなめ》（?〜五七〇年?）と物部尾輿《もののべのおこし》（生没年不詳《せいぼつねんふしょう》）の代に仏教の受け入れをめぐって激化《げきか》。その子どもの蘇我馬子《そがのうまこ》（?〜六二六年）と物部守屋《もののべのもりや》（?〜五八七年）の代には天皇の後継《こうけい》争いも加わった戦いとなり、物部氏はほろびた。

やったぞ！物部をほろぼした。
これでライバルもいないし政治は思いのままじゃ。
わしにつごうのいい天皇をたてよう。
女の天皇ははじめてじゃが炊屋姫《かしきやひめ》に天皇になってもらおう。
お願いします。
わかりました。引き受けましょう。
そのかわり厩戸皇子《うまやどのおうじ》（**聖徳太子**）を**摂政**《せっしょう》とします。
推古天皇《すいこてんのう》
入試に出る！
ゲゲッ！あの頭のいい皇子を摂政に！
そりゃまずい！

もっとくわしく

推古天皇を助けた

聖徳太子の政治

推古天皇は日本で最初の女帝《じょてい》として即位《そくい》し、おいの聖徳太子を摂政として政治を行わせた。

太子は冠位《かんい》十二階の制度、十七条《じょう》の憲法《けんぽう》を制定《せいてい》。また、遣隋使《けんずいし》を送って、中国の文化や政治制度を積極的に取り入れようとした。

太子は天皇を中心とする政治制度を整えることをめざした。その政策にはあつく信仰した仏教の思想も反映《はんえい》されている。

天皇

重要用語

蘇我氏…大和政権で財政を担当した有力豪族。対立していた物部氏をたおし，馬子《うまこ》・蝦夷《えみし》・入鹿《いるか》のころに全盛《ぜんせい》となる。645年に入鹿がたおされ，おとろえた。

厩戸皇子《うまやどのおうじ》
今日からあなたが摂政《せっしょう》として政治《せいじ》をとるのです。
わかりました。
勢力《せいりょく》の強くなった蘇我氏《そがし》から政治の実権《じっけん》を取りもどし、天皇《てんのう》中心の国づくりをしなければ…。
冠位《かんい》十二階《かい》の制度《せいど》をつくりました。
重要
冠《かんむり》の色によって役人の位を表します。
なるほど位の上下がひと目で分かるな。
この位は家柄《いえがら》に関係なく能力《のうりょく》のある者に天皇があたえます。
げ～っ！わしが勝手に役人を決められん…ってことか！
それから十七条《じょう》の憲法《けんぽう》をつくりました。
入試に出る！
ま…まだあるの？

マメ知識

推古天皇《すいこてんのう》（五五四～六二八年）の前に即位《そくい》した崇峻天皇《すしゅん》（?～五九二年）は、蘇我馬子《そがのうまこ》と意見が合わず、馬子に暗殺されてしまった。聖徳《しょうとく》太子《たいし》は、馬子と対立せずにその勢力をおさえることに努め、馬子と協力して政治を行った。

重要用語

摂政…天皇が幼少《ようしょう》のときや，女帝《じょてい》のときに天皇にかわって政治を行う役職《やくしょく》。平安《へいあん》時代には藤原氏《ふじわらし》がこの役職を独占し，政治の実権をにぎった。

一、平和を愛し争いをやめましょう。二、仏教《ぶっきょう》を大切に。
ふむふむ…。
三、天皇の命令には必ず従《したが》うこと。
ゲゲゲのげぇ〜！
四、…。
五、…。
十六、…。
十七、大事なことはみんなで相談して決めること。
くそ〜！こんな規則《きそく》ばかりじゃわしの自由がきかんわい！

マメ知識

聖徳太子（五七四〜六二二年）は厩戸皇子、豊聡耳皇子《とよとみみのおうじ》などともよばれる。仏教をあつく信仰《しんこう》し、法隆寺《ほうりゅうじ》や四天王寺《してんのうじ》を建てた。十人の話を同時に聞き分けて返答したなど、さまざまな伝説が残っている。のちに太子自身を信仰の対象とする、「聖徳太子信仰」が成立した。

もっとくわしく

役人の心構《こころがま》えを示《しめ》した

十七条の憲法

聖徳太子が六〇四年に定めた十七条の憲法は、法律《ほうりつ》ではなく、豪族《ごうぞく》をおさえて天皇中心の国づくりを進めるうえでの役人の心構えと道徳《どうとく》を示したもの。仏教の説く和と、儒教《じゅきょう》の礼の精神《せいしん》が取り入れられ、天皇への服従《ふくじゅう》が強調されている。

第一条で争いをやめること、第二条で仏教を信じること、第三条で天皇への服従を説いている。

道徳

重要用語

冠位十二階…603年に定めた制度《せいど》。役人の位を12種つくり，冠《かんむり》の色で位を区別した。それまでは家柄で決まっていた位を，個人の能力に応じてあたえることとした。

マメ知識

小野妹子が遣隋使として中国にわたった時代は、造船技術《ぞうせんぎじゅつ》や航海技術が未熟だったので、とちゅうで船がこわれてしまうこともあった。航《こう》海《かい》は命がけだった。

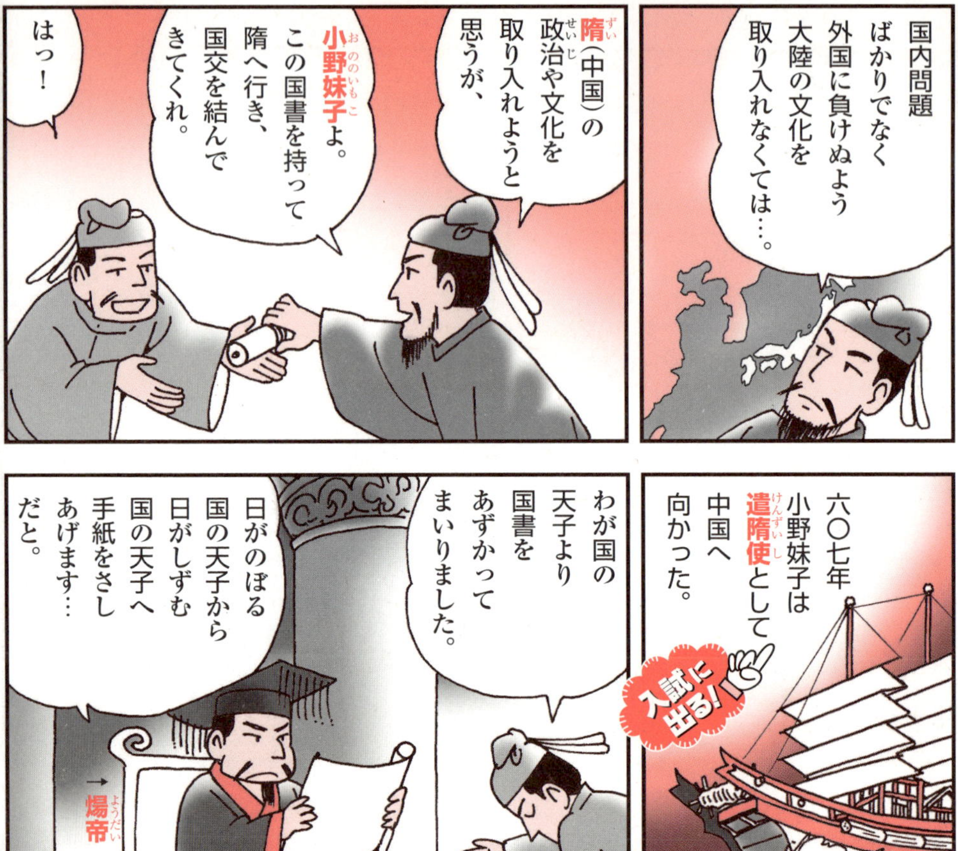
国内問題ばかりでなく外国に負けぬよう大陸の文化を取り入れなくては…。
隋《ずい》（中国）の政治《せいじ》や文化を取り入れようと思うが、
小野妹子《おののいもこ》よ。この国書を持って隋へ行き、国交を結んできてくれ。
はっ！
六〇七年小野妹子は遣隋使《けんずいし》として中国へ向かった。
入試に出る！
わが国の天子より国書をあずかってまいりました。
日がのぼる国の天子から日がしずむ国の天子へ手紙をさしあげます…だと。
→煬帝《ようだい》
ぶ…無礼な！この隋と対等に考えておるとは！ゆるさん！
皇帝《こうてい》、ここは日本という国を調べてからでもおそくないかと…。
うむ…裴世清《はいせいせい》よ、太子《たいし》とはどんなやつだか確《たし》かめてこい。
!!
はい。

重要用語

煬帝（569～618年）…隋の第2代皇帝。中国を南北に結ぶ大運河《だいうんが》を建設《けんせつ》した。高《こう》句麗遠征《くりえんせい》に失敗して反乱《はんらん》が起こり，煬帝は殺されて隋はほろんだ。

マメ知識

聖徳太子が遣隋使を送ったところ、煬帝は高句麗を討《う》つ大規模《だいきぼ》な遠征《えんせい》を計画していた。そのため煬帝は太子の国書におこったが、裴世清を使者として送り、日本と敵対《てきたい》しないようとりはからった。

裴世清は小野妹子が帰国するとき同行してきた。
これが日本か…、かなり文化は高いぞ。
よく来てくれました。
太子も立派《りっぱ》な人物だ。日本とうまくつき合うようにと皇帝に報告《ほうこく》しよう。
裴世清が帰国するとき、小野妹子は留学僧《りゅうがくそう》や留学生を従《したが》えて、再び中国へわたった。
すぐれた文化や知識《ちしき》を学んで持ち帰り、日本のために役立ててくれよ。
六二二年、太子は志《こころざし》なかばで亡《な》くなった。

もっとくわしく

出世した小野妹子

小野妹子は近江《おうみ》（滋賀《しが》県）出身の役人。聖徳太子に命じられ、二度、遣隋使として隋にわたった。二度目のときは、のちに大化《たいか》の改新《かいしん》で活やくする高向玄理《たかむこのくろまろ》や南淵請安《みなぶちのしょうあん》などの留学生や、留学僧の旻《みん》も同行した。

妹子は、聖徳太子が定めた冠位《かんい》十二階の制度《せいど》で、はじめは第五位の大礼《だいれい》の位だったが、遣隋使の功績《こうせき》などがみとめられて出世し、最後は最高の位である大徳《だいとく》にまで進んだ。

大徳
大礼

参考　**裴世清**（生没年不詳《せいぼつねんふしょう》）…隋の役人。608年，小野妹子が帰国するときに隋の使者として来日し，盛大《せいだい》な歓迎《かんげい》を受け，同年帰国した。

2 聖徳太子《しょうとくたいし》の死後は

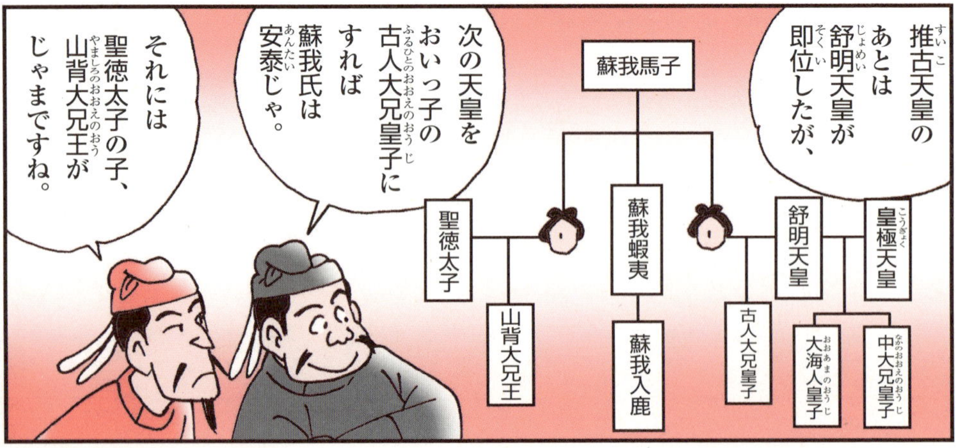

参考 **古人大兄皇子**（？～645年）…母は蘇我馬子の娘《むすめ》。皇位継承《けいしょう》の有力候補者《こうほしゃ》だったが，蘇我氏がほろびると，むほんの疑《うたが》いをかけられ，中大兄皇子に殺された。

六一八年、中国では隋《ずい》がほろび唐《とう》の時代となっていた。
六三〇年、日本からは遣唐使《けんとうし》が送られた。
入試に出る!
わたしたちは小野妹子《おののいもこ》の遣隋使のときから留学《りゅうがく》していた者です。
おおっ、長い間ごくろうでした。
今や唐は律令国家《りつりょう》としてすぐれた制度《せいど》をもっております。
うむ、何とか日本の政治《せいじ》に取り入れたいものだ。
わたしたちは大陸の文化を伝えに帰ります。あとはお願いします。
お先に、

マメ知識

遣唐使は六三〇～八九四年までの間に十数回派遣された。遣唐使船は、はじめは比かく的安全な朝鮮《ちょうせん》半島沿岸《えんがん》を通ったが、新羅《しらぎ》との関係が悪化すると東シナ海を横断《おうだん》するようになり、しばしば遭難《そうなん》して多くの犠牲者《ぎせいしゃ》を出した。

もっとくわしく

皇室《こうしつ》をしのぐ力をもった

蘇我蝦夷と入鹿

蘇我蝦夷は馬子の子で、推古天皇の死後、舒明天皇を即位《そくい》させて権力《けんりょく》をふるい、蝦夷の子の入鹿は、蘇我氏の安泰をはかって、人気のあった聖徳太子の子の山背大兄王の一族を攻《せ》めほろぼした。

蝦夷と入鹿は、朝廷《ちょうてい》の権力をひとりじめにし、とくに入鹿は天皇家を無視したふるまいが多く、横暴《おうぼう》をきわめた。

権力
天皇

重要用語

律令…律《りつ》は刑罰《けいばつ》，令《りょう》は政治《せいじ》を行ううえでのきまり。中国の隋・唐の時代に完成し，日本にも取り入れられた。

⑤ 大化《たいか》の改新《かいしん》と律令政治《りつりょうせいじ》

大化の改新に始まる律令国家建設《けんせつ》の願いは代々の天皇《てんのう》に受けつがれ、ついに大宝律令《たいほうりつりょう》で完成した。そのようすを見ていこう。

1 入鹿《いるか》の暗殺と改新の政治

むほんを起こそうとしている山背大兄王《やましろのおおえのおう》を討《う》つのだ！
ぬ…ぬれぎぬだ。
入鹿《いるか》はやまったことを！
父上じゃまものは片《かた》づけるにかぎります。
中大兄皇子《なかのおおえのおうじ》様。
鎌足《かまたり》…。

入鹿の横暴《おうぼう》をこれ以上放っておくわけにはまいりません。
しかし蘇我《そが》氏は手ごわいぞ。
近々朝廷《ちょうてい》の儀式《ぎしき》があります。そのときに…。
うむ…、儀式中なら武器《ぶき》をあずけているな。よしっ同志《どうし》を集めて蘇我氏を討《う》とう。

参考 **山背大兄王**（？～643年）…聖徳太子《しょうとくたいし》の子。有力な皇位継承候補者《こういけいしょうこうほしゃ》であったが，蘇我入鹿に攻《せ》められ，一族とともに自害した。

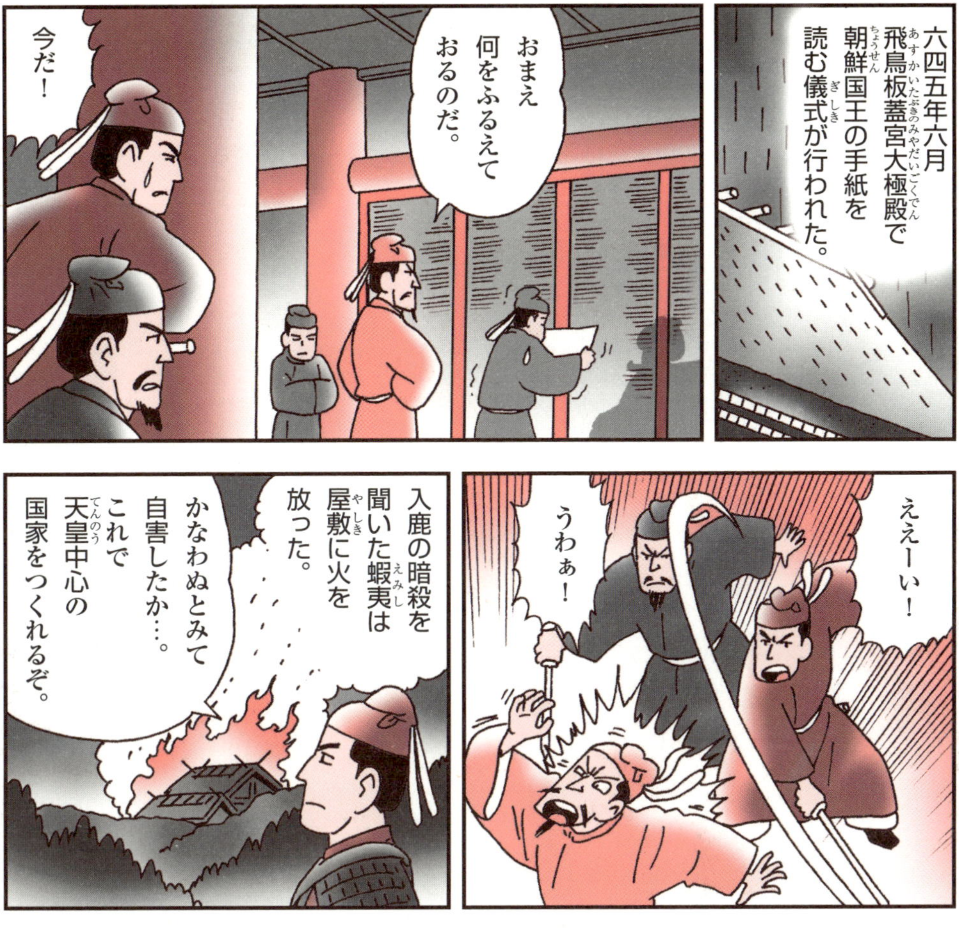
六四五年六月
飛鳥板蓋宮大極殿《あすかいたぶきのみやだいごくでん》で
朝鮮《ちょうせん》国王の手紙を
読む儀式《ぎしき》が行われた。
おまえ
何をふるえて
おるのだ。
今だ！
ええーい！
うわぁ！
入鹿の暗殺を
聞いた蝦夷《えみし》は
屋敷《やしき》に火を
放った。
かなわぬとみて
自害したか…。
これで
天皇《てんのう》中心の
国家をつくれるぞ。

マメ知識

中大兄皇子は蘇我氏をたおして政治の実権《じっけん》をにぎったがすぐには即位《そくい》せず、皇太子《こうたいし》のまま政治を行った。天智《てんじ》天皇となったのは二十三年後の六六八年である。なぜすぐに天皇にならなかったか、その理由はわかっていない。

もっとくわしく

大化の改新を断行《だんこう》した 中大兄皇子と中臣鎌足《なかとみのかまたり》

朝廷では、権力《けんりょく》をふるって横暴にふるまう蘇我氏への反感が強まっていた。中臣（藤原《ふじわらの》）鎌足は蘇我氏打倒《だとう》を決意し、中大兄皇子に近づいた。二人は親交を深め、蘇我氏をたおして政権《せいけん》を取りもどし、天皇中心の新しい政治《せいじ》を行うことをちかった。

二人は六四五年に蘇我入鹿を暗殺して蘇我氏をほろぼすことに成功し、鎌足は長く中大兄皇子を支《ささ》えた。

重要用語

中臣（藤原）鎌足（614〜669年）…中大兄皇子とともに大化の改新を断行した。のち「藤原」の姓《せい》をさずかり，平安時代《へいあん》に全盛《ぜんせい》をきわめた藤原氏の祖《そ》となった。

中国から帰国したキミたちの意見を聞きたい。
はい唐《とう》の国の政治《せいじ》のしくみは…。
よしっ唐の制度《せいど》を手本にして政治の改革《かいかく》を行おう。
六四六年
新しい政治のしくみを発表する。
「公地《こうち》・公民《こうみん》」の制度…、豪族《ごうぞく》たちのもっていた**土地や民《たみ》はすべて国家のもの**とする。
重要
えーっではおれたち豪族はどうなるんだ？
豪族たちは国の役人となり天皇に仕えるものとする。
天皇
国司《こくし》
郡司《ぐんじ》
「国郡里《こくぐんり》」の制度…、土地と民は天皇の任命した国司・郡司によって治めさせる。

マメ知識

大化の改新の政治方針《ほうしん》は、唐を手本とした律令政治を行うことだった。このため隋《ずい》・唐に留学して中国の政治のしくみなどを学んできた高《たか》向玄理《むこのくろまろ》《げんり》や、僧《そう》の旻《みん》が国博士《くにのはかせ》（政治顧問《こもん》）として政策《せいさく》立案にたずさわった。

重要用語

口分田…戸籍にもとづいてあたえられた農地。6才以上の男子には２段《たん》(反)(約23アール),女子にはその３分の２,使用人は男女それぞれの３分の１があたえられた。

班田収授法《はんでんしゅうじゅのほう》…、戸籍《こせき》にもとづいて民に口分田《くぶんでん》を貸《か》しあたえる。
重要
入試に出る!
祖《そ》・調《ちょう》・庸《よう》…、口分田をあたえられた民は国に税を納《おさ》める。
そのために土地や人口を調べ戸籍をつくる！
この政治の改革を大化《たいか》の改新《かいしん》というんだよ。
うむ…会心《かいしん》の策《さく》じゃな。
入試に出る!
六六七年、中大兄皇子《なかのおおえのおうじ》は都を飛鳥《あすか》から大津《おおつ》に移《うつ》し、翌年《よくねん》には即位《そくい》し天智天皇《てんじてんのう》となった。
六七〇年には日本初の全国的な戸籍「庚午年籍《こうごねんじゃく》」が完成したぞ。

マメ知識

天智天皇は六六八年に近江令《おうみりょう》をまとめさせたといわれている。

もっとくわしく

日本軍が大敗した

白村江《はくすきのえ》の戦い

六六〇年に百済《ペクチェ》《くだら》が唐・新羅《シルラ》《しらぎ》の軍にほろぼされると、百済復興《ふっこう》をめざす勢力《せいりょく》は日本に救援《きゅうえん》を求めた。日本は百済と友好関係にあったため、中大兄皇子は朝鮮《ちょうせん》半島に大軍を送ったが、日本・百済連合軍は白村江で唐・新羅連合軍に大敗した（六六三年）。

その結果、日本は朝鮮半島から手を引き、内政《ないせい》の充実《じゅうじつ》に力を注ぐようになった。

唐陸軍
高句麗《コグリョ》《こうくり》
新羅
唐水軍
唐
百済
白村江の戦い
日本
難波津《なにわづ》
（大阪府《おおさかふ》）
大宰府《だざいふ》
百済救援軍

重要用語

天智天皇（中大兄皇子）（626～671年）…中臣鎌足《なかとみのかまたり》らとともに大化の改新を進めた。都を近江《おうみ》（滋賀《しが》県）の大津京《おおつきょう》に移《うつ》し，全国的な戸籍をつくった。

2 壬申《じんしん》の乱

このところ体調がすぐれん。
そろそろあとつぎのことを考えておかんとな。
実力的には弟の大海人皇子《おおあまのおうじ》のほうが上だし、あとつぎをまかせると約束したが、
わしの息子《むすこ》大友皇子《おおとものおうじ》に位をゆずりたい…。
大海人皇子、あとをたのむぞ…。
兄上はわたしを試しているな。
次の天皇《てんのう》は大友皇子に…。わたしは出家して僧《そう》になります。
おおっそうしてくれるかそれなら安心して死ねる。
大海人皇子は吉野宮《よしののみや》(奈良県《なら》)にしりぞいた。
ここにいては危《あぶ》ない。そうそうに引《ひ》っ越《こ》しだ。
しかし六七二年。
大海人皇子様近江《おうみ》の朝廷《ちょうてい》が兵《へい》を集めています!
なに!

参考 **大海人皇子**(?～686年)…天智天皇の弟。壬申の乱に勝利し,**天武天皇**となった。天皇中心の中央集権《しゅうけん》国家の建設《けんせつ》に力をつくした。

争いはさけたかったがしかたない。
こうなれば戦うまでだ。
こうして皇位《こうい》をめぐる大きな戦いが起きた。
この戦いを壬申の乱という。
重要
勝ったのは大海人皇子の軍だった。
大津宮《おおつのみや》は焼け落ち、大友皇子は自害しました。
大海人皇子は飛鳥《あすか》にもどり、天皇《てんのう》の位につき天武《てんむ》天皇になった。
わたしは一人の大臣《だいじん》もおかず、天皇と皇族《こうぞく》だけで政治《せいじ》を行うぞ。

マメ知識

天智天皇の息子で、壬申の乱で敗れた大友皇子（六四八～六七二年）は、明治《めいじ》時代に、弘文《こうぶん》天皇という名がおくられているが、実際に天皇に即位したかどうかはわかっていない。

もっとくわしく

おじとおいが皇位《こうい》争いをした

壬申の乱

大海人皇子と大友皇子はおじとおいの関係にある。この肉親である二人が皇位をめぐって戦ったのが壬申の乱である。

戦いはおじの大海人皇子の勝利で終わり、敗れた大友皇子は自害し、大海人皇子が天武天皇となった。天武天皇は、大友皇子に味方した豪族《ごうぞく》たちを政治から遠ざけて、天皇の権力《けんりょく》を強めることに成功した。

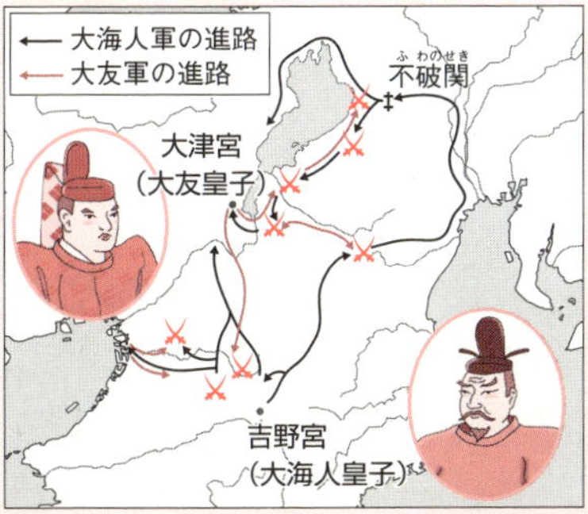
大海人軍の進路
大友軍の進路
不破関《ふわのせき》
大津宮
（大友皇子）
吉野宮
（大海人皇子）

補足 **天皇と皇族《こうぞく》中心の政治**…天武天皇の時代から奈良《なら》時代前半にかけ，皇族が重要な役《やく》職《しょく》について政治を主導《しゅどう》する皇親《こうしん》政治が行われた。

3 大宝律令《たいほうりつりょう》ができる

六八六年、
天武天皇《てんむてんのう》が亡《な》くなると、
皇后《こうごう》があとをついで
政治を行い、
持統天皇《じとう》となった。
夫のめざした律令政治《りつりょうせいじ》は順調に整いつつあります。
この辺で気持ちをあらため、都を藤原京《ふじわらきょう》へ移《うつ》したいと思います。
唐《とう》の都長安《ちょうあん》のような立派《りっぱ》な都にしましょう。
六九四年
飛鳥京《あすかきょう》から
藤原京へと
都が移された。
都市計画でつくられた日本最初の大きな都である。

重要用語

藤原京…大和《やまと》三山に囲まれた地に建設《けんせつ》された藤原京（奈良《なら》県橿原《かしはら》市）は，唐の都長安を手本につくられ，３代の天皇の16年間都となった。

六九七年、持統天皇は孫の軽皇子《かるのみこ》に位をゆずった。
文武《もんむ》天皇の誕生《たんじょう》よ。
藤原鎌足《ふじわらのかまたり》の子 藤原不比等《ふじわらのふひと》よ、わたしの手助けをたのむ。
ははっ、わかりました。
まずは天武天皇のめざした律令政治を完成させましょう。
七〇一年、天皇を中心とする政治のしくみ「大宝律令《たいほうりつりょう》」が完成した。
重要
完ぺきなできだ！以後わが国の法律《ほうりつ》の模範《もはん》となるであろう。

マメ知識

持統天皇（六四五～七〇二年）は天智《てんじ》天皇の娘《むすめ》。壬申《じんしん》の乱《らん》では夫の天武天皇とともに戦い、天皇の死後、即位《そくい》しないまま政治を行ったが、皇太子《こうたいし》の草壁皇子《くさかべのおうじ》が病死したため、六九〇年に即位《そくい》して持統天皇となった。天武天皇の政治を引きつぎ、律令国家体制の整備《せいび》に努めた。

もっとくわしく

大化《たいか》の改新《かいしん》のころに栄えた 白鳳《はくほう》文化

白鳳文化は六四五年の大化の改新から七一〇年の平城京遷都《へいじょうきょうせんと》までの文化。仏教美術《ぶっきょうびじゅつ》が中心で、中国の文化の影響《えいきょう》が強い。

代表的なものには、薬師寺《やくしじ》の東塔《とうとう》と薬師三尊像《やくしさんぞんぞう》、興福寺《こうふくじ》の仏頭《ぶっとう》、高松塚古墳壁画《たかまつづかこふんへきが》がある。

和歌もこの時代に形式が完成し、日本最古の和歌集の『万葉集《まんようしゅう》』を代表する歌人である、柿本人麻呂《かきのもとのひとまろ》、山部赤人《やまべのあかひと》らが活やくした。

重要用語

大宝律令…701年に完成した決まり。藤原不比等らが唐の律令を参考につくった。これで全国を支配《しはい》するしくみが整い，律令国家の基礎《きそ》が築かれた。

⑥ 平城京《へいじょうきょう》と奈良《なら》の大仏《だいぶつ》

奈良の平城京に都がおかれ、仏教美術《ぶっきょうびじゅつ》を中心としたはなやかな天平《てんぴょう》文化が栄えた奈良時代のようすを見ていこう。

1 平城京と人々のくらし

元明天皇《げんめいてんのう》
こらっ おすな
この藤原京《ふじわらきょう》も役所や役人がふえて手ぜまになりました。

奈良にもっと大きな都をつくって移《うつ》りましょう。
やはり唐《とう》の長安《ちょうあん》にならってもっと立派《りっぱ》な都にするのです。
はい！

まず道路を碁盤《ごばん》の目のように整備《せいび》するのじゃ。

次は建物じゃ。

重要用語 **元明天皇**（661～721年）…文武《もんむ》天皇の死後，そのあとを受けて即位《そくい》した。和同開珎《わどうかいちん》《ほう》の鋳造《ちゅうぞう》，平城京遷都《せんと》などを行った。

七一〇年、都は平城京に移った。これよりあと約七十年間を「奈良時代」とよぶ。
入試に出る!
まぁ美しいこと。
これは朱雀門《すざくもん》ともうします。

平城京は東西に約四・三キロメートル、南北に約四・八キロメートルございまして、藤原京の三倍もございます。
東西には市《いち》がたち、地方から運ばれた産物が売り買いされるようになっております。

マメ知識

奈良時代には唐の影響《えいきょう》を受けた国際色豊《ゆた》かな天平文化が栄えた。代表的な建築《けんちく》には正倉院《しょうそういん》や唐招提寺《とうしょうだいじ》、彫刻《ちょうこく》には唐招提寺の鑑真像《がんじんぞう》、絵画では正倉院《しょうそういん》の鳥毛立女屏風《とりげりつじょのびょうぶ》（樹下《じゅか》美人図）などがある。『古事記《こじき》』や『日本書紀《にほんしょき》』、『風土記《ふどき》』、『万葉集《まんようしゅう》』などの書物もつくられた。

もっとくわしく

平城京・平安京《へいあんきょう》のモデル

中国の都長安

平城京とのちにつくられる平安京のモデルは中国の都長安。長安は中国の古都で、漢《かん》・隋《ずい》・唐など各王朝の都となった。

もっとも栄えた唐代には東西約十キロメートル・南北約八キロメートルまで広がり、幅《はば》百五十メートルの大路を中心に碁盤の目状に区画され、周囲は城壁《じょうへき》で囲まれていた。人口は百万人に達し、国際的《こくさいてき》な文化都市としてにぎわった。

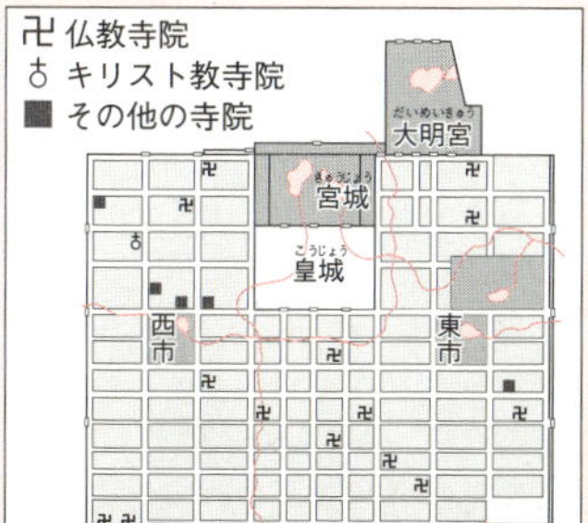
卍 仏教寺院
キリスト教寺院
■ その他の寺院
大明宮《だいめいきゅう》
宮城《きゅうじょう》
皇城《こうじょう》
西市
東市
0
2km

参考

朱雀門…天皇の住まいや役所がある平城宮《へいじょうきゅう》の正面にあった正門。ここから都を東西に分ける幅約70mの朱雀大路《すざくおおじ》がのびていた。

や～れ、やっと奈良《なら》の都についたが、市《いち》はどっちかな…。
おまえ都ははじめてか？だったらわしが案内してやろう。
え～お役人様にそんなことしてもらっちゃバチがあたる。
わしは下級役人だから気にするな。
やさしいお役人もいるんですな。
ここが市じゃ。各地からいろいろな産物が運ばれているぞ。
こりゃあすごいや。
あっ、あの人は貴族《きぞく》ですね。服がちがう…。
こっちはお坊《ぼう》さん！奈良の都はお坊さんが多いや…。
都を守る兵士《へいし》もいるのか！
ザッ ザッ ザッ
はなやかなもんですね。
こんな歌ができたぞ。
あおによし奈良の都は咲《さ》く花のにおうがごとくいまさかりなり

マメ知識

農民（成年男子）は三人に一人の割合《わりあい》で兵役をあてられ、各地方の軍団《ぐんだん》に配属《はいぞく》された。武器《ぶき》や装備《そうび》、食料は自分で用意しなければならなかったため、兵士一人を出すとその家はつぶれるとまでいわれた。

重要用語

衛士《えじ》…宮中《きゅうちゅう》の警備《けいび》や都の治安維持《ちあんいじ》にあたった兵士。毎年１年交代で全国から選ばれた者が上京して任務《にんむ》についた。このほか，九州北部を守る防人《さきもり》という兵士もいた。

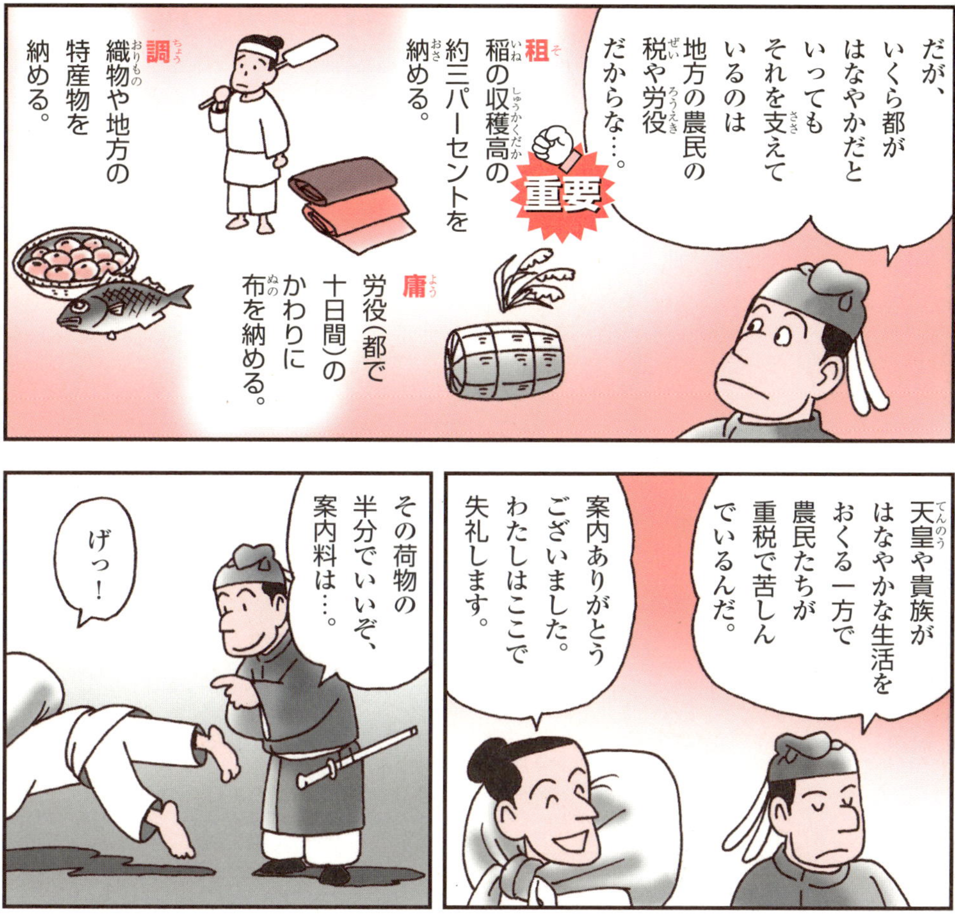
だが、いくら都がはなやかだといってもそれを支《ささ》えているのは地方の農民の税《ぜい》や労役《ろうえき》だからな…。
重要
租《そ》 稲《いね》の収穫高《しゅうかくだか》の約三パーセントを納《おさ》める。
調《ちょう》 織物《おりもの》や地方の特産物を納める。
庸《よう》 労役（都で十日間）のかわりに布《ぬの》を納める。
天皇《てんのう》や貴族がはなやかな生活をおくる一方で農民たちが重税で苦しんでいるんだ。
案内ありがとうございました。わたしはここで失礼します。
その荷物の半分でいいぞ、案内料は…。
げっ！

マメ知識

一九九八年、奈良県《なら》明日香村《あすかむら》の飛鳥池遺跡《あすかいけいせき》から富本《ふほん》と刻《きざ》まれた銅銭《どうせん》とその銅銭をつくっていた鋳造所跡《ちゅうぞうしょあと》が見つかった。富本銭《ふほんせん》はもっとも古い貨幣《かへい》だと考えられていた和同開珎《わどうかいちん》《ほう》よりも古く、七世紀後半に鋳造された。どのていど流通したかはわかっていない。

もっとくわしく

農民を苦しめた税

物で納める税のうち、調や庸を都まで運ぶ費用は自己負担だったため、運搬《うんぱん》の途中《とちゅう》や帰路で飢《う》えや病気で死亡《しぼう》する者もあった。

また、租・調・庸のほかに兵役《へいえき》と、一年に六十日を限度《げんど》として、国司《こくし》の命令で土木工事などの労役《ろうえき》を行う雑徭《ぞうよう》が課せられ、これらも重い負担《ふたん》となった。

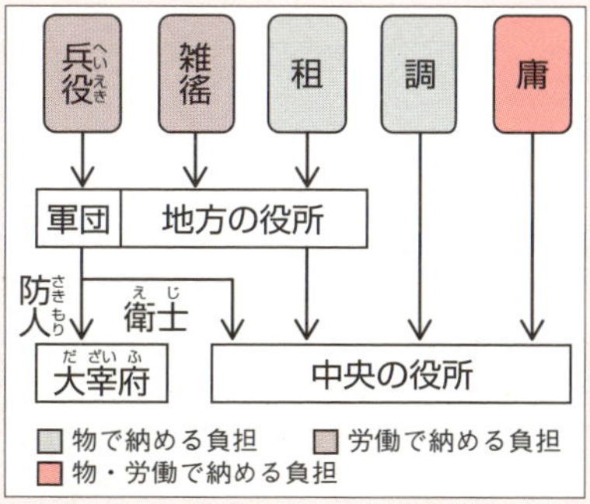
兵役《へいえき》
雑徭
租
調
庸
軍団
地方の役所
防人《さきもり》
衛士《えじ》
大宰府《だざいふ》
中央の役所
物で納める負担
労働で納める負担
物・労働で納める負担

重要用語

市《いち》…都の東西におかれた市は，正午《しょうご》から日没《にちぼつ》まで開かれ，各地の産物が取り引きされた。税として納められたものも売買された。

2 聖武天皇《しょうむてんのう》と大仏建立《だいぶつこんりゅう》

皇族《こうぞく》や貴族《きぞく》の対立《たいりつ》…、天災《てんさい》やききん、それに疫病《えきびょう》…。
政治《せいじ》も世の中も乱《みだ》れてきたなぁ。
聖武天皇
み仏《ほとけ》の力を借りよう。国ごとに国分寺《こくぶんじ》と国分尼寺《こくぶんにじ》を建てて平和な国をつくるのじゃ。
入試に出る!
寺はできましたが、世の乱れは変わりません。
よーしっ！奈良《なら》に東大寺《とうだいじ》を建てて大仏《だいぶつ》をつくろう。
重要
金色にかがやく巨大《きょだい》な仏像《ぶつぞう》を…。
しかしお金がかかりすぎます。
それに農民たちは重税《じゅうぜい》と兵役《へいえき》で疲《つか》れきっています。
ならば農民に人気のある行基《ぎょうき》という僧《そう》の力を借りよう。

重要用語

東大寺…奈良《なら》市にある華厳宗《けごんしゅう》の総本山《そうほんざん》で，聖武天皇が命じて，総国分寺《そうこくぶんじ》としてつくられた。当時の建物で現在《げんざい》まで残っているのは正倉院《しょうそういん》だけである。

仏の教えは貴族《きぞく》だけのものではない。みなで力をあわせて大仏様をつくろう！
オーッ
行基は土木にくわしいし農民に人気があるので労働力も確保《かくほ》できる。
一挙両得《いっきょりょうとく》ですな。

七五二年
やっと完成した。これで平和な世になるぞ。

マメ知識

東大寺の大仏は高さ約十五メートル。正式な名前を盧舎那仏《るしゃなぶつ》という。完成当時は東北地方から産出した金がぬられて金色にかがやいていた。工事には当時の人口の約四割《わり》にあたる、のべ二百六十万人が動員されたという。

もっとくわしく

大仏をつくった 聖武天皇（七〇一〜七五六年）

聖武天皇は、政治《せいじ》の混乱《こんらん》や疫病による社会不安を仏教《ぶっきょう》の力によってはらい、国家の平安を保《たも》とうと考え、国ごとに国分寺・国分尼寺、都に東大寺を建て、大仏をつくらせた。

また、七四三年には墾田永年《こんでんえいねん》私財法《しざいのほう》を制定《せいてい》し、開《かい》こんした土地の永久私有《えいきゅうしゆう》をみとめた。この法律《ほうりつ》の制定《せいてい》により、公地《こうち》・公民《こうみん》の制度《せいど》はくずれ始めた。

重要用語

行基（668〜749年）…各地を回って庶民《しょみん》に仏教を広めながら，橋や道路を建設《けんせつ》する社会事業に取り組んだ。東大寺の大仏づくりに協力したが，完成前に死去した。

しかし
国分寺《こくぶんじ》や
大仏建立《だいぶつこんりゅう》で
財政《ざいせい》はますます
苦しくなった。
わしらのくらしはもっと苦しくなったよ。
七五三年
九州
中国から二せきの遣唐使船《けんとうしせん》が帰ってきた。
七五四年
上皇《じょうこう》様、帰国した遣唐使たちがあいさつにまいりました。
仏教《ぶっきょう》の高僧《こうそう》をお連れしています。
聖武天皇《しょうむてんのう》は七四九年に退位《たいい》し、上皇になっていた。
おおそうか！
重要
上皇
鑑真《がんじん》様です。
五たびの失敗船の遭難《そうなん》などで六度目…、十二年かかって日本にまいりました。
よくぞ来てくれた。これで乱《みだ》れた日本の仏教が救われる。

マメ知識

日本はまだ僧になるための授戒制度《じゅかいせいど》（仏門に入る者に戒律を授《さず》ける制度）が整わず、税《ぜい》のがれのために勝手に僧になる者も多かった。鑑真はこの制度を整えるため、朝廷《ちょうてい》に招《まね》かれて来日した。

重要用語

鑑真（688～763年）…唐《とう》の高僧。失明しながらも754年に来朝した。日本にはじめて正式に戒律《かいりつ》（僧が守る規律《きりつ》）を伝え，のち唐招提寺《とうしょうだいじ》を建立《こんりゅう》した。

マメ知識

東大寺は何度か戦いに巻《ま》きこまれ、大仏は平安《へいあん》時代末期と室町《むろまち》時代に焼《や》け落ちた。現在《げんざい》の大仏は、江戸時代に再建されたもので、足と台座《だいざ》の一部は奈良時代のまま残っている。

遣唐使たちは日本への帰国に際《さい》して中国にあるすぐれた文物を持ち帰った。
おおっ！これはなんとすばらしい品じゃ！
それらは遠くローマや西アジア、インドなどからの品々もあった。
これらの品々は聖武天皇の死後、東大寺《とうだいじ》の正倉院《しょうそういん》に納《おさ》められた。
入試に出る！

もっとくわしく

シルクロードを経《へ》てやって来た 正倉院の宝物《ほうもつ》

シルクロード（絹《きぬ》の道《みち》）は、紀元前二世紀ごろに開かれ、中国の絹をヨーロッパまで運んだ古代の東西交通路。絹や陶器《とうき》などの交易品《こうえきひん》だけでなく、さまざまな文化を伝え、東西交流に大きな役割《やくわり》を果たした。

正倉院の宝物もこのルートでもたらされ、日本はシルクロードの東の終着点といえる。

重要用語

正倉院…東大寺大仏殿《とうだいじだいぶつでん》の北西にある校倉造《あぜくらづくり》の宝物庫《ほうもつこ》。聖武天皇の愛用品や，大仏開《だいぶつかい》眼《げん》の儀式《ぎしき》に用いた品々，東大寺伝来の文書などが納《おさ》められていた。

⑦ 平安京《へいあんきょう》と摂関政治《せっかんせいじ》

平安京に都を移《うつ》した桓武天皇《かんむてんのう》の政治《せいじ》と、権力《けんりょく》をにぎって摂関政治を行った藤原氏《ふじわらし》の全盛期《ぜんせいき》のようすを見ていこう。

1 平安京と人々のくらし

朝廷《ちょうてい》での貴族《きぞく》の争いは相変わらずだし…、僧《そう》まで政治に口を出すように現《あらわ》れるようになった。
桓武天皇
そうだ！寺院の力の強い奈良《なら》から都を移そう。
七八四年、長岡京《ながおかきょう》の建設《けんせつ》が始まり桓武天皇も移ったが…、
暗殺事件《じけん》は起きるし疫病《えきびょう》ははやるし、この都は不吉《ふきつ》なことばかりじゃ。
カン
カン
カン

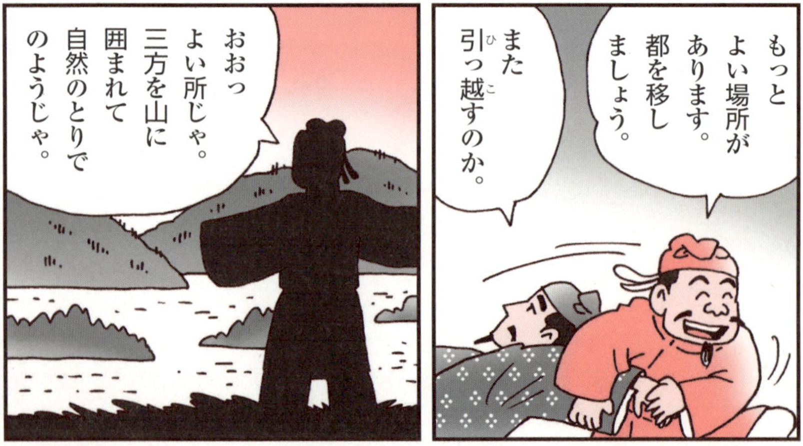
もっとよい場所があります。都を移しましょう。
また引《ひ》っ越《こ》すのか。
おおっよい所じゃ。三方を山に囲まれて自然のとりでのようじゃ。

重要用語

長岡京…784年に平城京から現在《げんざい》の京都府向日市《むこうし》付近に移された都。遷《せん》都《と》を指揮《しき》した藤原種継《ふじわらのたねつぐ》が暗殺されるなどして，造営《ぞうえい》は中止された。

七九四年、山城《やましろ》（今の京都府の一部）に都が移された。
入試に出る!
永遠の平安を願って平安京と名づけよう。
この後約四百年間平安京が政治の中心になった。この時代を「平安時代」という。
政治も立て直すぞ！
国司《こくし》らの監督《かんとく》をきびしくして地方の政治を引きしめる。
インチキして私腹《しふく》をこやしていないか?
農民から兵士《へいし》をとるのをやめて負担《ふたん》を軽くしてやろう。
ワーイ

マメ知識

桓武天皇は身内の死亡《しぼう》や疫病の流行などが、藤原種継暗殺事件にかかわった疑《うたが》いで逮捕《たいほ》されて死亡《しぼう》した弟の早良親王《さわらしんのう》のたたりだとおそれた。平安京へ都を移したのも、たたりからのがれるためだったという説もある。

もっとくわしく

長安《ちょうあん》にならった 平安京

平安京は平城京《へいじょうきょう》と同じように、唐《とう》の都長安にならった都で、明治《めいじ》時代に都が東京へ移るまで約千年間続いた。

東西約四・五キロメートル、南北約五・二キロメートルで、奈良の平城京よりやや大きい。中央に朱雀大路《すざくおおじ》を設《もう》けて右京《うきょう》・左京《さきょう》に分け、碁盤《ごばん》の目状《めじょう》に区画して西市・東市を設置《せっち》した。

←平安京

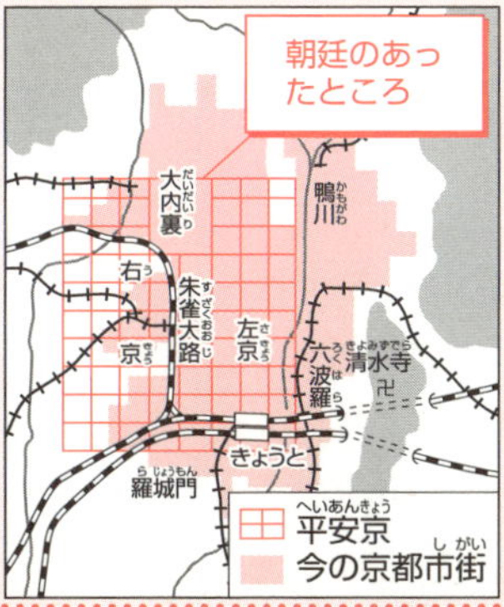
朝廷のあったところ
大内裏《だいだいり》
鴨川《かもがわ》
右京
朱雀大路《すざくおおじ》
左京
清水寺《きよみずでら》
六波羅《ろくはら》
きょうと
羅城門《らじょうもん》
平安京《へいあんきょう》
今の京都市街《しがい》

重要用語

国司…律令制度《りつりょうせいど》のもとで朝廷から諸国《しょこく》に派遣《はけん》され，地方を治めた役人。その土地の行政《ぎょうせい》・軍事・財政《ざいせい》を担当《たんとう》した。

それから奈良《なら》時代からこぜりあいが続いている東北地方の問題だが…、
ここはわれらの土地だ。朝廷《ちょうてい》にはわたさん！
武勇《ぶゆう》のほまれ高い坂上田村麻呂《さかのうえのたむらまろ》を派遣《はけん》しよう。
そなたを征夷大将軍《せいいたいしょうぐん》とする。蝦夷《えみし》をしずめてきてくれ。
重要
はい。
坂上田村麻呂はみごとにわしの期待にこたえてくれた。
これで朝廷の力をさらに北にのばせた。

マメ知識

坂上田村麻呂（七五八～八一一年）は征夷大将軍となって東北地方を平定した。胆沢《いさわ》地方（岩手県奥州市《おうしゅうし》）を平定して胆沢城《いさわじょう》を築《きず》くなど大きな成果をあげ、朝廷の東北支配《しはい》地を広げ、死後も「武士《ぶし》の神様」としてあがめられた。

重要用語

征夷大将軍…蝦夷支配《しはい》のために派遣された軍《ぐん》の総指揮官《そうしきかん》。のちに武家政権《ぶけせいけん》の棟梁《とうりょう》（頭《かしら》）にあたえられる役職名《やくしょくめい》となり，源氏《げんじ》・足利氏《あしかがし》・徳川氏《とくがわし》に引きつがれた。

マメ知識

鎌倉《かまくら》時代にも新しい仏教が生まれたが、浄土宗《じょうどしゅう》の法然《ほうねん》・浄土真宗《じょうどしんしゅう》の親鸞《しんらん》・日蓮宗《にちれんしゅう》の日蓮・曹洞宗《そうとうしゅう》の道元《どうげん》など、鎌倉時代の新しい仏教の開祖《かいそ》の多くが延暦寺で修行《しゅぎょう》し、天台宗を出発点に新しい教えを生み出した。

そのころ唐《とう》に留学《りゅうがく》していた二人の僧《そう》が帰国して新しい仏教《ぶっきょう》を広めた。
比叡山《ひえいざん》に延暦寺《えんりゃくじ》を建て天台宗《てんだいしゅう》を広めました。
重要
最澄《さいちょう》
高野山《こうやさん》に金剛峯寺《こんごうぶじ》を建て真言宗《しんごんしゅう》を広めました。
重要
空海《くうかい》
これらはその後の日本仏教の主流となった。

もっとくわしく

平安時代に新仏教を伝えた

最澄と空海

二人はともに八〇四年に遣唐《けんとう》使《し》船《せん》で唐にわたった。最澄は唐で天台宗を学び、帰国後比叡山の延暦寺（滋賀《しが》県）で天台宗を広めた。密教《みっきょう》を学んだ空海は高野山の金剛峯（峰）寺（和歌山県）を拠点《きょてん》に真言宗を広めた。旧《きゅう》仏教が都に寺院をおいたのに対し、新しい仏教は山中に寺院を開いてきびしい修行《しゅぎょう》や学問を行った。新仏教は、貴族《きぞく》の信仰《こう》を集め、やがて仏教界に大きな勢力《せいりょく》をもつようになった。

重要用語

蝦夷…古代，東北地方などに住んでいた人々。大和政権《やまとせいけん》に従《したが》わなかったため，たびたび朝廷から平定のための大軍が送られた。

2 摂関政治《せっかんせいじ》の全盛《ぜんせい》

平安《へいあん》時代のはじめは
天皇《てんのう》中心に政治《せいじ》が
行われていたが、
九世紀になると…。
藤原鎌足《ふじわらのかまたり》の
子孫のわれらが
皇室《こうしつ》と親せき
関係を結び、
勢力《せいりょく》を強め
政治の実権《じっけん》を
にぎるんだ。

たとえば
自分の娘《むすめ》を
天皇の后《きさき》にして
生まれた皇子《みこ》を
天皇にする。

重要
天皇が
幼《おさな》いときは
摂政《せっしょう》として…、
成人したら
関白《かんぱく》として
天皇のかわりに
政治を行うんだ。

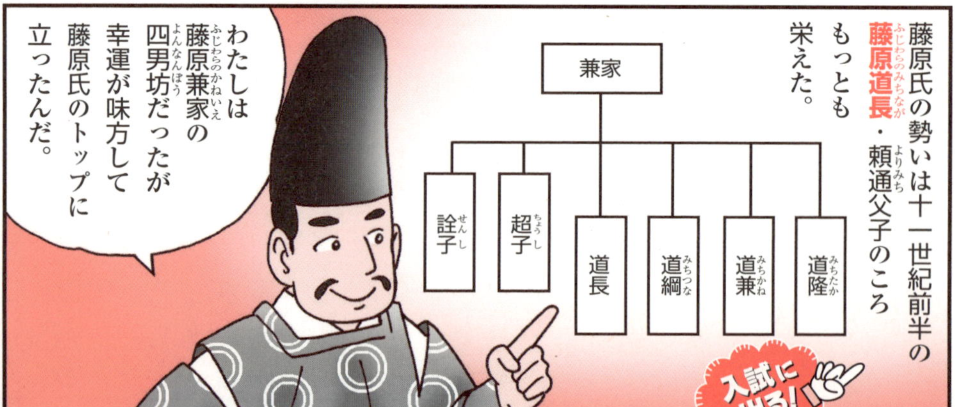
藤原氏の勢いは十一世紀前半の
藤原道長《ふじわらのみちなが》・頼通《よりみち》父子のころ
もっとも
栄えた。
兼家
道隆《みちたか》
道兼《みちかね》
道綱《みちつな》
道長
超子《ちょうし》
詮子《せんし》
わたしは
藤原兼家《ふじわらのかねいえ》の
四男坊《よんなんぼう》だったが
幸運が味方して
藤原氏のトップに
立ったんだ。
入試に出る!

重要用語

摂政…天皇が幼少《ようしょう》のときや，女帝《じょてい》のときに天皇にかわって皇族が政治を行った役職《やくしょく》。866年に藤原良房《ふじわらのよしふさ》が摂政に任じられて以降《いこう》，藤原氏が独占した。

兄たちははやり病で死に親せきの有力者は失策《しっさく》で追放された。
もっとも幸運だったのは天皇の后になった四人の娘に皇子が生まれたことだ。
わしは三代の天皇の祖父《そふ》となり、摂政だ。
後冷泉天皇《ごれいぜいてんのう》
後朱雀天皇《ごすざくてんのう》
後一条天皇《ごいちじょうてんのう》
今の気持ちを一首《いっしゅ》…。
ゴホン…
この世をばわが世とぞ思うもち月の欠けたることもなしと思えば
この世はわしのためにあるようなものじゃ思いどおりにならないものはない…という意味じゃ。

マメ知識

平安《へいあん》時代の貴族《きぞく》の婚姻《こんいん》では、子どもは母方で養育されたので、母方の縁《えん》が重視《じゅうし》された。このため藤原氏の娘の子が天皇になると、外戚《がいせき》（母方の親戚《しんせき》）の藤原氏が政治の実権をにぎることができた。

もっとくわしく

摂関政治の全盛期《ぜんせいき》を築《きず》いた

藤原道長・頼通

藤原氏は藤原道長・頼通父子の時代に全盛期をむかえた。道長は一族の権力《けんりょく》争いに勝ち、四人の娘を天皇にとつがせて権力をほこった。

その後、息子の頼通が約五十年にわたって三代の天皇の摂政・関白を独占《どくせん》し、栄えた。しかし、孫となる皇子にめぐまれなかったため、藤原氏と直接《ちょくせつ》関係のない後三条《ごさんじょう》天皇が即位《そくい》すると、藤原氏の勢力はしだいにおとろえていった。

重要用語

関白…実質《じっしつ》は摂政と変わらないが，天皇が成人したのちに政務《せいむ》を補佐《ほさ》する役職を関白という。藤原氏以外で関白になったのは，豊臣秀吉《とよとみひでよし》とその養子の秀次《ひでつぐ》のみ。

3 浄土《じょうど》へのあこがれ

地方では豪族《ごうぞく》の反乱《はんらん》が起きているらしい…。
都じゃ盗賊《とうぞく》や放火が横行している。
疫病《えきびょう》ははやるし、あ～いやだいやだ…。

いいくらしをしているのは貴族《きぞく》ばかり。
わしら庶民《しょみん》は苦しいばかり。
ぼくは腹《はら》へってばかりだぁ～。

なむあみだぶつ…。念仏《ねんぶつ》を唱《とな》えれば極楽浄土《ごくらくじょうど》へ行けますぞ。

そろそろ仏教《ぶっきょう》がおとろえみ仏《ほとけ》の救いがなくなり、世の中が乱《みだ》れる「末法《まっぽう》」の時代に入ります。阿弥陀《あみだ》様におすがりして極楽浄土でくらしましょう。
なむあみだぶつ…。
平安《へいあん》時代中ごろ、社会不安が高まると浄土信仰《じょうどしんこう》が広まった。
重要

重要用語 **末法思想**…仏教を開いたシャカの死去から2000年後に末法の世となり，仏の教えがすたれて乱世《らんせ》になるとした思想。日本では1052年から末法に入るとされた。

なるほどね…。
こうした浄土信仰は貴族たちにも広まり、
あの世で幸せになれますように…、なむあみだぶつ…。
この世の極楽浄土を求めて阿弥陀堂《あみだどう》を建て、阿弥陀仏《あみだぶつ》を安置《あんち》した。
わしも阿弥陀堂を建てて阿弥陀仏を安置しよう。
藤原道長《ふじわらのみちなが》の子頼通《よりみち》は自分の別荘《べっそう》を平等院《びょうどういん》という寺にあらため、鳳凰堂《ほうおうどう》を建てて阿弥陀仏を安置した。
入試に出る!

マメ知識

浄土信仰（浄土教）は、阿弥陀如来《あみだにょらい》の住む極楽浄土に往生《おうじょう》することを願う考え。僧《そう》の空也《くうや》や源信《げんしん》たちが人々に念仏を唱えれば往生できると説いて一般《いっぱん》に広まり、末法思想と結びついて、平安時代中ごろからさかんになった。

もっとくわしく

奥州藤原氏《おうしゅうふじわらし》

東北に栄えた独自《どくじ》の文化

奥州藤原氏は、十一世紀後半から十二世紀後半にかけて平泉《ひらいずみ》（岩手県平泉町）を中心に栄えた豪族《ごうぞく》。東北の勢力《せいりょく》争いに勝った藤原清衡《ふじわらのきよひら》を初代とし、領地内《りょうちない》でとれる砂金《さきん》をもとに巨万《きょまん》の富《とみ》を築《きず》き、三代目の秀衡《ひでひら》のときに全盛期《ぜんせいき》をむかえた。

平泉には中尊寺《ちゅうそんじ》、毛越寺《もうつうじ》、平等院鳳凰堂をまねた無量光院《むりょうこういん》などが建立《こんりゅう》され、京都の文化を吸収《きゅうしゅう》した独自の文化が花開いた。

重要用語

平等院鳳凰堂…京都府宇治《うじ》市にある平等院の阿弥陀堂。1053年に藤原頼通によって建立《こんりゅう》された。鳳凰が翼《つばさ》を広げたような美しい形をしていることからこの名がついた。

要点整理と重要事項のまとめ②

1 聖徳太子《しょうとくたいし》の政治《せいじ》と大化《たいか》の改新《かいしん》（飛鳥《あすか》時代）

①聖徳太子の政治

- **政治改革《かいかく》**…593年，推古天皇《すいこてんのう》の摂政《せっしょう》になり，蘇我氏《そがし》と結んで政治を進める。冠位十二階《かんいかい》と十七条《じょう》の憲法《けんぽう》を制定《せいてい》。
- **中国との関係**…小野妹子《おののいもこ》らを遣隋使《けんずいし》として派遣《はけん》。

②大化の改新と律令《りつりょう》政治

- **大化の改新**…645年，中大兄《なかのおおえの》皇子《おうじ》らが蘇我氏をたおして政治改革《かいかく》。公地公民《こうちこうみん》。
- **壬申《じんしん》の乱《らん》**…672年，天皇の位をめぐる争い。天武天皇《てんむてんのう》が即位《そくい》。
- **律令政治**…大宝律令《たいほうりつりょう》の制定《せいてい》。

2 平城京《へいじょうきょう》と奈良《なら》の大仏《だいぶつ》（奈良時代）

①平城京と人々のくらし

- **平城京**…710年，唐《とう》の都長安《ちょうあん》にならってつくられた。
- **聖武《しょうむ》天皇の政治**…仏教《ぶっきょう》の力で国を治めるため，国ごとに国《こく》分寺《ぶんじ》・国分尼寺《こくぶんにじ》，都に東大寺《とうだいじ》を建てる。大仏《だいぶつ》の建立《こんりゅう》を命令。
- **遣唐使《けんとうし》**…唐の制度《せいど》や文化を学ぶために派遣。
- **公地・公民のくずれ**…743年に墾田永年私財法《こんでんえいねんしざいのほう》が出される。

②奈良時代の文化

- **天平《てんぴょう》文化**…国際性《こくさいせい》に富《と》む文化。正倉院《しょうそういん》の宝物《ほうもつ》，唐招提寺《とうしょうだいじ》。
- **文学**…『古事記《こじき》』『日本書紀《にほんしょき》』『万葉集《まんようしゅう》』など。

3 平安京《へいあんきょう》と摂関《せっかん》政治（平安時代）

①桓武《かんむ》天皇の政治

- **平安京**…794年，桓武天皇が都を京都の平安京に移《うつ》す。
- **新しい仏教**…最澄《さいちょう》が天台宗《てんだいしゅう》，空海《くうかい》が真言宗《しんごんしゅう》を伝える。

②藤原氏《ふじわらし》の政治

- **摂関政治**…藤原氏は摂政・関《かん》白《ぱく》の地位を独占《どくせん》。藤原道長《ふじわらのみちなが》・頼通《よりみち》父子のときに全盛《ぜんせい》。
- **国風《こくふう》文化**…かな文字の発明。『源氏《げんじ》物語』（紫式部《むらさきしきぶ》），『枕草《まくらのそう》子《し》』（清少納言《せいしょうなごん》）など。

重要事項の一問一答②

1 聖徳太子の政治と大化の改新（飛鳥時代）

（答え記入欄）

①聖徳太子が，能力《のうりょく》のある役人を登用するために取り入れた制度を何といいますか。……

②604年，聖徳太子が役人の心構《こころがま》えを示《しめ》すために定めたきまりを何といいますか。……

③672年，天皇の位をめぐって起こった戦いを何といいますか。……

④701年，唐の律令にならって制定されたきまりを何といいますか。……

2 平城京と奈良の大仏（奈良時代）

①平城京は，唐の何という都にならってつくられましたか。……

②聖武天皇によってつくられ，大仏がおかれた寺院はどこですか。……

③743年に出された，新しく開こんした土地の永久私有《えいきゅうしゆう》をみとめる法律《ほうりつ》を何といいますか。……

④8世紀末ごろにまとめられた，わが国で最初の和歌集を何といいますか。……

3 平安京と摂関政治（平安時代）

①794年に都を平安京に移した天皇はだれですか。……

②唐に留学《りゅうがく》し，帰国後，真言宗を伝えた人物はだれですか。……

③摂関政治を行ったのは何氏ですか。……

④『源氏物語』ではなやかな貴族《きぞく》のようすをえがいた人物はだれですか。……

答え 1 ①冠位十二階（の制度） ②十七条の憲法 ③壬申の乱 ④大宝律令 2 ①長安 ②東大寺 ③墾田永年私財法 ④万葉集 3 ①桓武天皇 ②空海 ③藤原氏 ④紫式部

8 武士《ぶし》の登場と平氏《へいし》政権《せいけん》

院政《いんせい》が行われる一方、武士はしだいに力をつけ、ついに平氏が政権をにぎった。そのようすを見ていこう。

1 武士の登場と成長

ここは地方のある豪族《ごうぞく》の屋敷《やしき》。
藤原氏《ふじわらし》は都でぜいたくにくらし、地方の政治《せいじ》をかえりみないので、
国から派遣《はけん》された役人（国司《こくし》）は勝手に重税《じゅうぜい》をかけるし、盗賊《とうぞく》はふえる一方だ。
自分の荘園《しょうえん》を自分で守るために武芸《ぶげい》にはげめ！
えっ？自分の荘園って…ここは藤原氏の荘園じゃないか。
おまえ勉強不足だぞ。そんなこっちゃ土地を守っていけんぞ。

参考 **武士登場の背景《はいけい》**…このころ地方政治が乱《みだ》れて治安が悪化し，豪族間の勢力争いもはげしく，争いごとの解決《かいけつ》に武力《ぶりょく》が必要になった。

奈良《なら》時代の聖武天皇《しょうむてんのう》のとき、新しく開こんした土地の永久私有《えいきゅうしゆう》がみとめられるようになり、力のある貴族《きぞく》や寺院、豪族たちはきそって新しい土地を開こんした。
新しく開こんした私有地《しゆうち》、これが荘園だ。
わしの荘園
しかし荘園には高い税がかかる。
ところが藤原氏のような有力な貴族の荘園には税がかからない。
それなら有力な貴族に土地を寄進《きしん》してしまおう。
土地
まぁ表向きには藤原氏だが管理してるのはわしらだ。
藤原
少しお礼をして名前を借りているようなもんじゃな。

マメ知識

有力貴族たちの荘園には、税を納《おさ》めなくてもよい権利《けんり》、役人の立ち入りを拒否《きょひ》する権利がみとめられていたため、藤原氏をはじめとする有力貴族たちへの荘園の寄進が集中した。寄進した者は荘園を管理する荘官《しょうかん》となり、一定の年貢《ねんぐ》は納めるものの実質的《じっしつてき》に荘園を支配《しはい》した。

もっとくわしく

武士たちの反乱《はんらん》

承平《じょうへい》・天慶《てんぎょう》の乱

十世紀の中ごろ、下総《しもうさ》（千葉・茨城《いばらき》県）を本拠《ほんきょ》に勢力《せいりょく》をのばしていた平将門《たいらのまさかど》は、国府《こくふ》（国《こく》司《し》の役所がおかれた場所）を占領《せんりょう》し、関東地方の大半を支配《しはい》して、新皇《しんのう》と称《しょう》した。

同じころ、藤原純友《ふじわらのすみとも》が瀬戸内《せとない》海の海賊《かいぞく》を率《ひき》いて国府や九州の大宰府《だざいふ》をおそった。

この二つの乱を承平・天慶の乱といい、朝廷《ちょうてい》はどちらも地方武士の力を借りておさえた。これらの乱によって都の貴族は武士の実力を知り、武士が台頭《たいとう》するきっかけとなった。

参考 **荘園のおこり**…743年に墾田永年私財法《こんでんえいねんしざいのほう》が出され，開こんした土地の永久私有《しゆう》がみとめられた。これにより公地《こうち》・公民《こうみん》がくずれ，多くの私有地（荘園）が生まれた。

だから多くの荘園《しょうえん》が藤原氏《ふじわらし》に寄進《きしん》されたのさ。
それで藤原氏はあんなぜいたくできるのか…。
藤原氏が地方政治《せいじ》に無関心なので自分の土地を守るために武装《ぶそう》してきたえておくのだ。
こうして各地に武士団《ぶしだん》が結成された。
やがて地方に移《うつ》り住《す》んだ皇族《こうぞく》の子孫を頭《かしら》にし、大きな武士団へと成長していった。そのなかでもとくに力をもったのは源氏《げんじ》と平氏《へいし》だった。
重要
平氏
源氏
朝廷《ちょうてい》としても最近の武士の力をみとめないわけにはいかんなぁ。
地方役人の位をあたえたり都によびよせて朝廷や屋敷《やしき》の警備《けいび》をやらせましょう。
一〇五一年
源頼義《みなもとのよりよし》
東北地方の安倍氏《あべし》が国司《こくし》に対して反乱《はんらん》を起こした。安倍氏を討《う》ってまいれ。
はっ
源頼義・義家《よしいえ》父子は東国《とうごく》武士を率《ひき》いて安倍氏を打ち破《やぶ》った。（前九年合戦《ぜんくねんかっせん》）

マメ知識

藤原氏が権力をふるう都をきらった皇族や貴族《きぞく》が地方に移り住んだ。とくに、桓武《かんむ》天皇の子孫である桓武平氏《かんむへいし》と、清和《せいわ》天皇の子孫である清和源氏《せいわげんじ》が力をもち、武士団の棟梁《とうりょう》(頭)になった。

参考 **安倍氏**…陸奥《むつ》(東北地方)の豪族《ごうぞく》。東北地方の支配権《しはいけん》をにぎっていたが，前九年合戦で敗れ，ほろびた。

一〇八三年、前九年合戦で源氏に協力した出羽《でわ》の豪族《ごうぞく》清原氏《きよはらし》一族の間で争いが起こった。
源義家は再び東国武士を率いて藤原《ふじわらの》（清原《きよはらの》）清衡《きよひら》を助け、対立していた清原家衡《いえひら》を打ち破った。
（後三年合戦《ごさんねんかっせん》）
一〇八六年白河天皇《しらかわてんのう》が位を息子《むすこ》にゆずったが…、
位はゆずってもわしは上皇《じょうこう》となって「院《いん》」（上皇の御所《ごしょ》）で政治《せいじ》をとるぞ！
内裏《だいり》に残っている藤原氏の力がおよばないようにこっちで政治を行うのじゃ！
院政《いんせい》の始まりじゃ。
政治
重要
藤原氏や大寺院との衝突《しょうとつ》に備《そな》えて、前九年合戦や後三年合戦で東国で勢力《せいりょく》をのばした源氏、そして平氏などの有力な武士団に院の警備をさせよう。

もっとくわしく

院政

上皇の政治

院政は、位をゆずった天皇である上皇が実権《じっけん》をにぎって行った政治。一〇八六年から白河・鳥羽《とば》・後白河《ごしらかわ》上皇と三代にわたって続き、政治の実権は藤原氏から上皇に移《うつ》った。上皇の力が強くなると、上皇と天皇の対立がはげしくなり、保元《ほうげん》の乱《らん》・平《へい》治《じ》の乱が起こった。

この朝廷の権力争いは、武士の力でしずめられ、その後、武士である平清盛《たいらのきよもり》が権力をにぎった。

マメ知識

白河上皇《しらかわじょうこう》は、院の御所《ごしょ》の北面に警護《けいご》の武士（北面《ほくめん》の武士《ぶし》）をおき、平清盛の祖父《そふ》・平正盛《たいらのまさもり》がその中心となった。正盛は上皇の信頼《しんらい》を得て出世し、平氏が栄えるきっかけをつくった。のちに、白河上皇は出家して、白河法皇となった。

参考 **藤原（清原）清衡**（1056～1128年）…奥州藤原氏の初代。後三年合戦後，姓《せい》を清原から藤原に改めて東北を支配。平泉《ひらいずみ》（岩手県）に本拠《ほんきょ》をおき，中尊寺金色堂《ちゅうそんじこんじきどう》を建立《こんりゅう》した。

2 平氏政権《へいしせいけん》の誕生《たんじょう》と全盛《ぜんせい》

白河法皇《しらかわほうおう》のあとをついで院政《いんせい》を行っていた鳥羽《とば》法皇が亡《な》くなると崇徳《すとく》上皇・後白河《ごしらかわ》天皇の兄弟が対立し、
崇徳上皇
天皇家《てんのうけ》
後白河天皇
藤原頼長
藤原氏
藤原忠通
平忠正《たいらただまさ》
平氏
平清盛《たいらのきよもり》
源為義《みなもとのためよし》
源氏
源義朝《みなもとのよしとも》
その対立に藤原忠通《ふじわらのただみち》と弟の頼長《よりなが》、源氏《げんじ》・平氏《へいし》の親兄弟などがからみ**保元《ほうげん》の乱《らん》**が起こった。
この戦いは夜襲《やしゅう》をかけた後白河天皇側の勝利だったが、
見事な働きであった。平清盛を播磨守《はりまのかみ》に源義朝を左馬頭《さまのかみ》に任命する。
えっ！

わしのほうが活やくしたのに清盛のほうが高い位をもらうとは！
義朝 わしも不満がいっぱいじゃ。
藤原信頼《ふじわらのぶより》
藤原信頼・源義朝は勢力《せいりょく》を争っていた平清盛に対して兵《へい》をあげ**平治《へいじ》の乱《らん》**を起こした。
ワ
ー

重要用語

後白河天皇(1127〜1192年)…平安時代末期の天皇。兄の崇徳上皇と対立して保元の乱を引き起こした。平氏や源氏をたくみにあやつって30年以上も院政を行った。

しかしこの戦いは平清盛が勝利し、藤原信頼は処刑《しょけい》され、源義朝はのがれる途中《とちゅう》殺された。義朝の子どもたちは流罪《るざい》などとなった。
これで源氏も立ち直れまい。上皇や貴族《きぞく》も平氏の力をいやというほど見たであろう。これからは武士《ぶし》…いや平氏の時代じゃ！
いやはや清盛の出世の早いこと。
わっははは…
あっという間に藤原氏をおしのけて太政大臣《だいじょうだいじん》まで登りつめたぞ。
太政大臣
内大臣《ないだいじん》
権大納言《ごんだいなごん》
入試に出る！

マメ知識

源義朝の子の頼朝は清盛にとらえられたが、清盛の義母《ぎぼ》が助命を願い出たため、命は助かって伊豆《いず》（静岡県《しずおか》）へ流罪《るざい》となった。このとき、命を助けられ、寺に預《あず》けられた幼い弟たちのうちの一人が源義経《みなもとのよしつね》で、のちに平氏打倒の兵《へい》をあげた頼朝のもとにかけつけ、ともに戦った。

もっとくわしく

はじめて政権《せいけん》をにぎった武士

平清盛（一一一八〜一一八一年）

平清盛は、保元の乱で勝利し、平治の乱で源氏をたおした。清盛は武士としてはじめて太政大臣となったが、娘《むすめ》を天皇にとつがせて生まれた子を天皇に即位《そくい》させるなど、権力《けんりょく》をにぎる方法は貴族の藤原氏とあまり変わらなかった。

このやり方に貴族や他の武士は反発し、平氏打倒《だとう》の動きが活発になった。その最中に清盛は死去。数年後、平氏は壇ノ浦《だんのうら》の戦いで源氏にほろぼされた。

重要用語

源義朝（1123〜1160年）…平安時代末期の武将《ぶしょう》で鎌倉幕府《かまくらばくふ》を開いた源頼朝《みなもとのよりとも》の父。平清盛と対立して1159年に平治の乱を起こしたが敗れ，東国《とうごく》へのがれる途中で殺された。

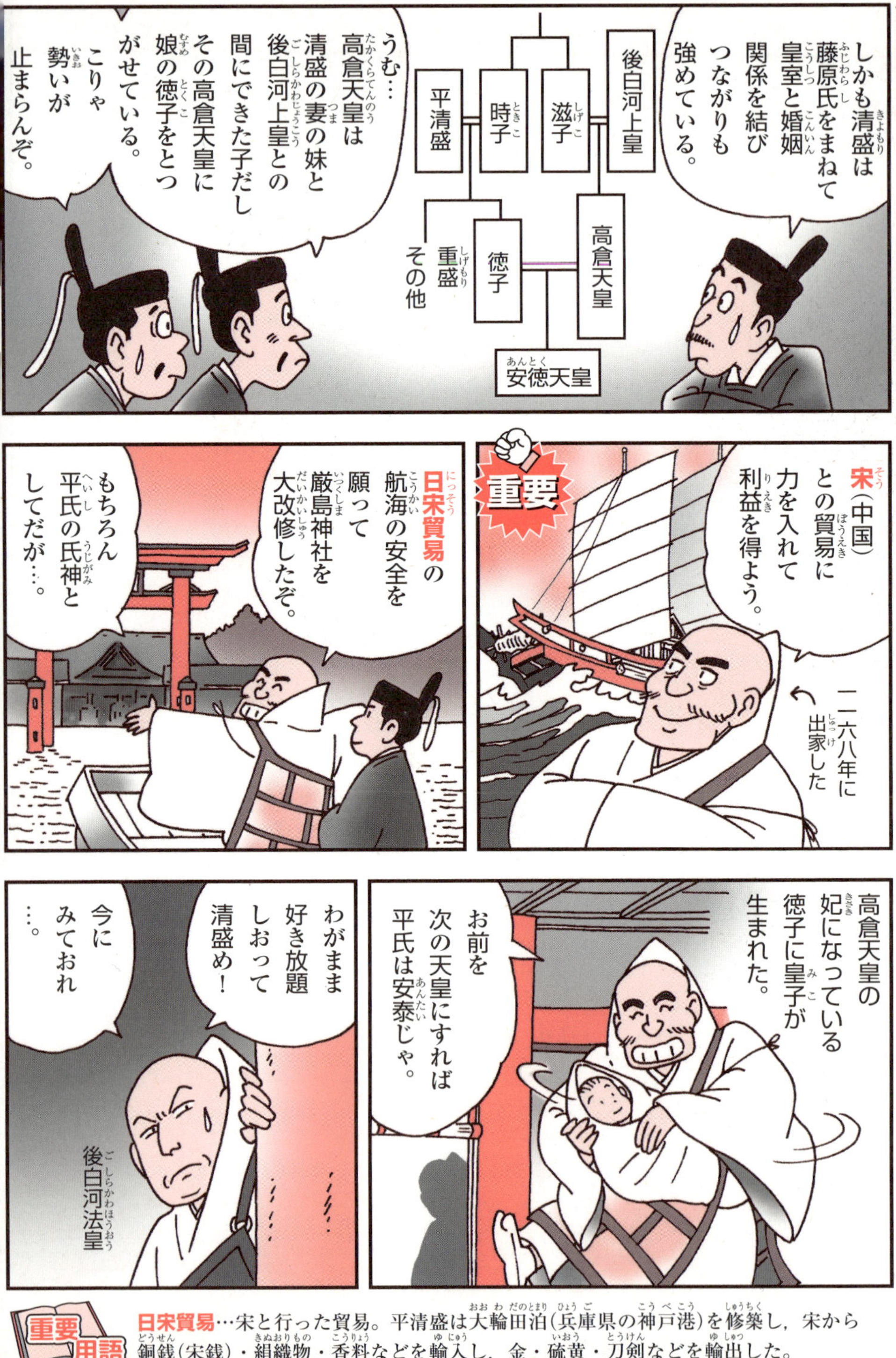
しかも清盛《きよもり》は藤原氏《ふじわらし》をまねて皇室《こうしつ》と婚姻《こんいん》関係を結びつながりも強めている。
後白河上皇
滋子《しげこ》
時子《ときこ》
平清盛
高倉天皇
徳子
重盛《しげもり》その他
安徳天皇《あんとくてんのう》
うむ…高倉天皇《たかくらてんのう》は清盛の妻《つま》の妹と後白河上皇《ごしらかわじょうこう》との間にできた子だしその高倉天皇に娘《むすめ》の徳子《とくこ》をとつがせている。
こりゃ勢《いきお》いが止まらんぞ。
重要
宋《そう》(中国)との貿易《ぼうえき》に力を入れて利益《りえき》を得よう。
一一六八年に出家《しゅっけ》した
日宋貿易《にっそうぼうえき》の航海《こうかい》の安全を願って厳島神社《いつくしま》を大改修《だいかいしゅう》したぞ。
もちろん平氏《へいし》の氏神《うじがみ》としてだが…。
高倉天皇の妃《きさき》になっている徳子に皇子《みこ》が生まれた。
お前を次の天皇にすれば平氏は安泰《あんたい》じゃ。
わがまま好き放題しおって清盛め!
今にみておれ…。
後白河法皇《ごしらかわほうおう》

マメ知識

平清盛がつくった平氏政権《せいけん》は、はじめての武家《ぶけ》政権であったが、その政策《せいさく》は武士独自《どくじ》のものではなく、貴族《きぞく》の政治を受けついだもので、朝廷の高位の役職《やくしょく》を一族で独占《どくせん》することで権力をにぎった。

重要用語

日宋貿易…宋と行った貿易。平清盛は大輪田泊《おおわだのとまり》(兵庫《ひょうご》県の神戸港《こうべこう》)を修築《しゅうちく》し，宋から銅銭《どうせん》(宋銭)・絹織物《きぬおりもの》・香料《こうりょう》などを輸入《ゆにゅう》し，金・硫黄《いおう》・刀剣《とうけん》などを輸出《ゆしゅつ》した。

なにー！
後白河法皇が死んだ息子《むすこ》重盛《しげもり》と娘の盛子《もりこ》の土地を取り上げただと！
法皇は鳥羽殿《とばどの》におしこめろ！
法皇の側近の官位を取り上げ平氏一門に分けあたえる！
どうじゃ孫は即位《そくい》して安徳《あんとく》天皇じゃ。
一族はみな高位・高官につかせ、全国の半分以上、三十余国《よこく》を支配《しはい》し平氏全盛《ぜんせい》のときじゃ。
平氏でない者は人ではない…じゃ。

マメ知識

平氏の急速な出世に対して反感が強まる中、一一七七年、後白河法皇とその側近らが京都の鹿ヶ谷《ししがたに》で平氏打倒《だとう》の密談《みつだん》をしていたことが発覚した。清盛は法皇の側近らを死罪《しざい》や流罪《るざい》にし、後白河法皇の罪《つみ》は問わなかったが、法皇と清盛の対立は深まった。

もっとくわしく

平氏一門が信仰《しんこう》した 厳島神社

厳島神社は広島県廿日市《はつかいち》市にある神社で、航海の守護神《しゅごしん》を祭っている。社殿《しゃでん》は入《い》り江《え》に、鳥居《とりい》は海上にあり、満潮《まんちょう》時には海にうかんでいるように見える。

平清盛があつく信仰したことで知られ、清盛の支援《しえん》で現在《げんざい》の形となった。平氏がほろびたあとも、朝廷《ちょうてい》や幕府《ばくふ》の保護《ほご》を受けて栄え、現在《げんざい》は世界文化遺産《いさん》に登録されている。

↓厳島神社

（ピクスタ）

重要用語

安徳天皇(1178〜1185年)…平安時代末期の天皇で清盛の孫。平氏とともに西国《さいごく》に落ちのび，1185年の壇ノ浦《だんのうら》(山口県)の戦いで，時子《ときこ》(清盛の妻)にだかれて入水《じゅすい》した。

⑨ 鎌倉《かまくら》幕府《ばくふ》の政治《せいじ》

平氏《へいし》をほろぼした源頼朝《みなもとのよりとも》は鎌倉幕府を開いたが、源氏《げんじ》の将軍《しょうぐん》は三代で終わり、北条氏《ほうじょうし》が実権《じっけん》をにぎった。そのようすを見ていこう。

1 源平《げんぺい》の合戦《かっせん》と鎌倉幕府の誕生《たんじょう》

平氏のわがままにはもうがまんならん。源氏よたのむぞ！
…ということじゃ。
以仁王《もちひとおう》
このときを待っていた！

全国の源氏が平氏打倒《だとう》に立ち上がった。
なかでもめざましい活やくをしたのは頼朝の弟の源義経《みなもとのよしつね》だった。

一ノ谷《いちのたに》（兵庫《ひょうご》県）の戦いの奇襲《きしゅう》で平氏を打《う》ち破《やぶ》り、
うわぁがけを下りてきた！

屋島《やしま》（香川《かがわ》県）へと追《お》い討《う》ちをかけ、

参考 **以仁王**（1151～1180年）…後白河法皇《ごしらかわほうおう》の子。諸国《しょこく》に平氏打倒の命令を出した。挙兵《きょへい》する計画が平氏に発覚し，のがれる途中《とちゅう》で戦死した。

一一八五年 壇ノ浦《だんのうら》(山口県)の戦いで平氏を滅亡《めつぼう》させた。
入試に出る!
しかし…、
弟の義経め、源氏の棟梁《とうりょう》であるわしをさしおいて法皇《ほうおう》から勝手に位や役職《やくしょく》を受けるとは…。
義経を討て!
鎌倉
むむ…しかたない。奥州《おうしゅう》へにげよう。

マメ知識

一一八五年、源頼朝は、義経をとらえるということを口実《こうじつ》に、国ごとに守護《しゅご》、諸国の荘園《しょうえん》や公領《こうりょう》に地頭《じとう》をおくことを朝廷《ちょうてい》に要求し、みとめさせた。これによって、頼朝の支配《しはい》が各地におよぶようになった。

もっとくわしく

仲が悪くなった兄弟

頼朝と義経

源義経が頼朝をおこらせた理由は、義経が後白河法皇《ごしらかわほうおう》から頼朝に無断《むだん》で位や役職を受けたことなどにあった。法皇は頼朝が「日本第一の大天狗《おおてんぐ》」と評《ひょう》したほどの策略家《さくりゃくか》で、頼朝は法皇が義経を優遇《ゆうぐう》する目的は、兄弟を対立させて源氏をほろぼすことだと見ぬいていたという。

戦いの天才ではあったが、政治《せいじ》のかけ引きが得意ではなかった義経は、逃亡先《とうぼうさき》の奥州で自害に追いこまれてしまった。

重要用語

壇ノ浦の戦い…1185年に行われた源平最後の戦い。源義経を総大将《そうだいしょう》とした源氏が平氏を圧倒《あっとう》し，安徳天皇《あんとくてんのう》も入水《じゅすい》（海に身を投げる）して平氏一門はほろんだ。

義経《よしつね》をかくまっていると頼朝《よりとも》に攻《せ》められる…。
それより義経をたおしほうびをもらったほうがいいな。
奥州藤原氏《おうしゅうふじわらし》
義経は奥州藤原氏の裏切《うらぎ》りにあい討《う》たれた。
むねん…
戦上手《いくさじょうず》の義経のいない藤原氏などものの数ではないわ！
頼朝は奥州藤原氏をたおし東北地方に力をのばした。
自分が政権《せいけん》をとるために源氏《げんじ》と平氏《へいし》を利用しただけの後白河法皇《ごしらかわほうおう》も死んだし、わしは望み通り**征夷大将軍**《せいいたいしょうぐん》になれた。
これからは武士《ぶし》のための政治《せいじ》をするのだ。
わしのつくった幕府《ばくふ》のしくみは…。

マメ知識

源義経《みなもとよしつね》には、じつは生きていて、大陸にわたってモンゴル帝国《ていこく》を建国したチンギス＝ハンとなった、のちに中国を統一《とういつ》する清朝《しんちょう》の祖先《そせん》となった、などさまざまな伝説が残っている。

参考 **奥州藤原氏の裏切り**…奥州藤原氏の4代目泰衡《やすひら》は，源頼朝《みなもとのよりとも》の要求にたえきれず，源義経を守れという父の秀衡《ひでひら》の遺言《ゆいごん》にそむいて義経を攻《せ》めほろぼした。

まず鎌倉《かまくら》に政治を行う「政所《まんどころ》」、
武士の監督《かんとく》をする「侍所《さむらいどころ》」、
裁判《さいばん》を行う「問注所《もんちゅうじょ》」をおく。
政所
侍所
問注所
そして全国に幕府《ばくふ》の役人、守護《しゅご》・地頭《じとう》をおく。
重要
土地の管理、年貢《ねんぐ》の取り立て役だ。
軍事や警察《けいさつ》の仕事をするのだ。
守護
地頭
将軍《しょうぐん》のわしに仕える武士を御家人《ごけにん》とよぶ。御家人は将軍に忠誠心《ちゅうせいしん》をもって仕える。
入試に出る!
…とまぁこういうしくみだ。
将軍
奉公
御恩
将軍は御家人の領地《りょうち》を保証《ほしょう》し合戦《かっせん》で手がらなどがあればほうびとして土地をくださる。
御家人

マメ知識

御家人は奉公《ほうこう》として、戦いのとき将軍のために命をかけて戦うほか、京都大番役《おおばんやく》（京都で御所《ごしょ》などの警備《けいび》にあたる）、幕府や社寺の修繕費《しゅうぜんひ》や儀式《ぎしき》の費用負担《ふたん》などを行った。このように土地を仲立ちにして、主人と家来が御恩と奉公の関係で結ばれたしくみを封建制度《ほうけんせいど》という。

もっとくわしく

鎌倉幕府がおかれた

鎌倉の地の利

頼朝が幕府をおいた鎌倉（神《か》奈川《ながわ》県）は東海道《とうかいどう》に面し、交通上重要な土地だった。また、三方が山に囲まれ、一方が海という地形は敵《てき》の侵入《しんにゅう》を防《ふせ》ぎやすく、鎌倉へ入る道は切通《きりどお》しだけだった。

切通しは鎌倉を囲む山を細く切り開いたせまい山道で、敵が大軍で押《お》しよせてもいっせいに通ることができない。さらに、その近くには家臣《かしん》の屋敷《やしき》をおいて守らせた。

重要用語

御家人…将軍の家来《けらい》となった武士。将軍から領地《りょうち》の支配《しはい》をみとめてもらう，新しい土地をもらうなどの御恩《ごおん》を受け，御家人は将軍のために一切《いっさい》をささげて奉公《ほうこう》した。

2 執権《しっけん》政治《せいじ》と承久《じょうきゅう》の乱《らん》

一一九九年
源頼朝《みなもとのよりとも》が死ぬと
子の頼家《よりいえ》が将軍《しょうぐん》と
なったが、
実際《じっさい》は…。
母親で頼朝公の妻《つま》のわたしと、
北条政子《ほうじょうまさこ》
政子の父のわしが政治《せいじ》の実権《じっけん》をにぎっているのじゃ。
北条時政《ほうじょうときまさ》
わしらは競争相手の御家人《ごけにん》たちを次々とけおとし勢力《せいりょく》を強めたんじゃ。
梶原《かじわら》
比企《ひき》
いうことを聞かん頼家は追放して弟の実朝《さねとも》を将軍にする！
く…くそっ！
しかし実朝は頼家の子公暁《くぎょう》に殺され、その公暁も暗殺された。頼朝の子孫はとだえ、源氏《げんじ》の将軍はわずか三代で絶《た》えてしまった。
源氏の将軍の絶えたあとは京都から藤原頼経《ふじわらのよりつね》を名前だけの将軍にむかえ、
執権であるわしが政治を行う。執権政治の確立《かくりつ》じゃ。
重要
北条義時《ほうじょうよしとき》

重要用語

執権政治…源氏の将軍が３代で絶え，北条氏が代々執権の地位につき，鎌倉幕府の実権をにぎって行った政治。

マメ知識

北条義時のあとをついで執権となった泰時《やすとき》は、一二三二年、最初の武士の法律《ほうりつ》である御成敗式目《ごせいばいしきもく》を制定《せいてい》した。これは五十一か条《じょう》からなり、頼朝以来の先例にもとづいて、御家人の権利《けんり》や義務《ぎむ》、領地《りょうち》の相続などを定めたわが国初の武家法で、のちの武家法《ぶけほう》の手本となった。

全国の反鎌倉《はんかまくら》の者たちよ、立ち上がれ！
源氏の将軍が絶えたのだから政権《せいけん》を朝廷《ちょうてい》に取りもどすのじゃ。
後鳥羽《ごとば》上皇《じょうこう》
後鳥羽上皇が兵《へい》をあげましたが、朝廷だからといっておそれることはありません。
今こそ亡《な》き頼朝公の御恩《ごおん》にむくいるときです。武士《ぶし》の土地を守るために戦いましょう。
北条政子
重要
おおーっ!!
オレたち御家人の団結《だんけつ》は固《かた》いんだ！
京都に攻《せ》め上《のぼ》った幕府軍《ばくふぐん》は朝廷の軍をたちまち打《う》ち破《やぶ》った。
一二二一年の承久の乱《じょうきゅうのらん》の勝利で幕府の力はさらに全国におよんだ。
入試に出る！

もっとくわしく

尼将軍《あましょうぐん》といわれた
北条政子（一一五七〜一二二五年）

政子は源頼朝《みなもとのよりとも》の妻で、頼朝の死後に出家《しゅっけ》し、幕府の実権をにぎった。源氏の将軍がとだえると、四代将軍として京都から幼《おさな》い藤原頼経をむかえ、その後見人となって尼将軍とよばれた。一二二一年の承久の乱で後鳥羽上皇が幕府打倒《だとう》の兵をあげたときには、御家人たちに頼朝の御恩を説く演説《えんぜつ》を行って団結をうったえ、幕府を勝利に導《みちび》いた。

重要用語

後鳥羽上皇(1180〜1239年)…幕府をたおそうと承久の乱を起こしたが，敗れて隠岐《おき》(島根県)に流された。すぐれた歌人でもあり『新古今和歌集《しんこきんわかしゅう》』を編集《へんしゅう》させた。

3 武士《ぶし》と農民のくらし

ある武士の屋敷《やしき》
ここのところ戦《いくさ》がないので落ちついて畑仕事ができるな。
ええーっ？武士なのにそんなことするの？

ははは…もともと武士は自分たちの命や土地を守るために武器《ぶき》を持ったものだぞ。ふだんはこうして田畑で働くのさ。
もちろん作人《さくにん》など農業専門で武器を持たない者もおるがね。

わしはこの辺の地主《じぬし》で武士だから戦に備《そな》えたつくりの屋敷に住んでいるんだ。
敵《てき》に攻《せ》められた場合の用心にまわりには塀《へい》をつくり堀《ほり》をめぐらせてある。

参考 **武士の社会**…武士はその領地に戦いに備えた館《やかた》を設け，地頭《じとう》などの仕事をした。一族は統率者《とうそつしゃ》である惣領《そうりょう》のもとに団結《だんけつ》し，戦いも惣領が一族を率《ひき》いて行った。

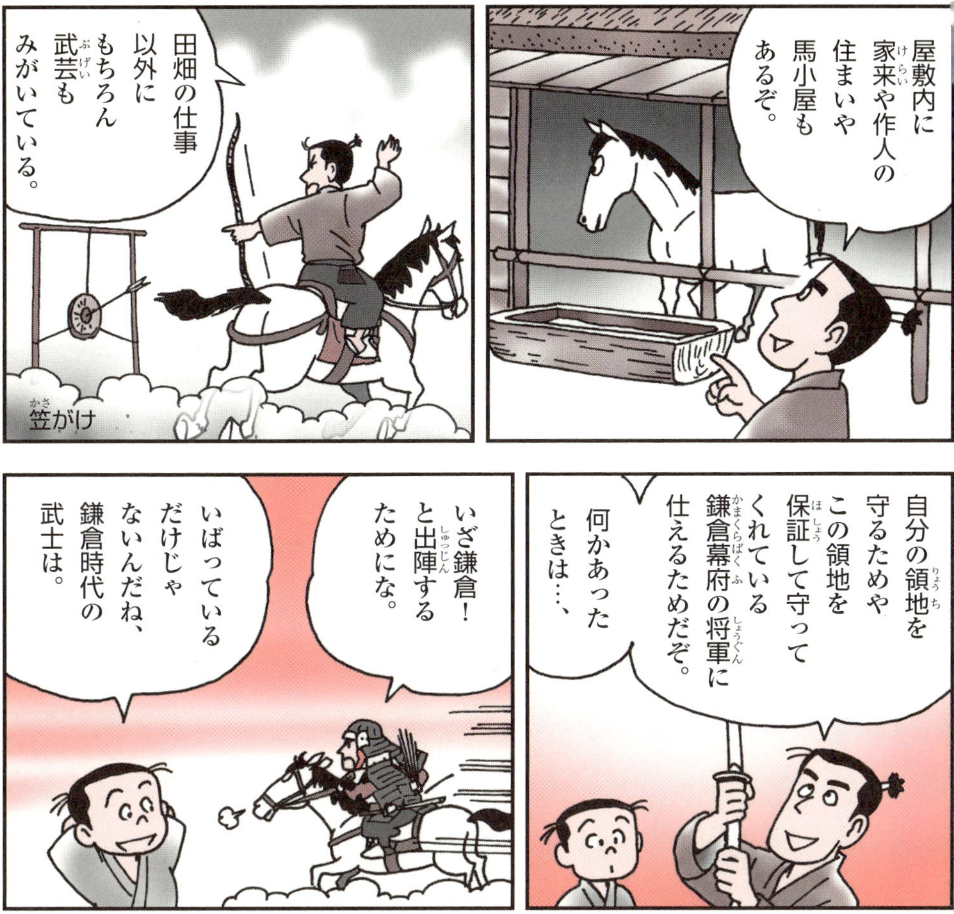

屋敷内に家来《けらい》や作人の住まいや馬小屋もあるぞ。
田畑の仕事以外にもちろん武芸《ぶげい》もみがいている。
笠《かさ》がけ
自分の領地《りょうち》を守るためやこの領地を保証《ほしょう》して守ってくれている鎌倉幕府《かまくらばくふ》の将軍《しょうぐん》に仕えるためだぞ。
何かあったときは…、
いざ鎌倉！と出陣《しゅつじん》するためにな。
いばっているだけじゃないんだね、鎌倉時代の武士は。

マメ知識

鎌倉時代には武士の気風を反映《はんえい》して、素《そ》ぼくで力強い文化が栄えた。代表的なものには、建築《けんちく》では東大寺南大門《とうだいじなんだいもん》、彫刻《ちょうこく》では東大寺南大門の金剛力士像《こんごうりきしぞう》、絵画では(伝)源頼朝像《みなもとのよりともぞう》などがある。

もっとくわしく

いざ鎌倉

将軍への忠誠《ちゅうせい》

将軍と主従関係《しゅじゅうかんけい》を結んだ御家人《ごけにん》は、領地《りょうち》を保証《ほしょう》するなどの御恩《ごおん》を受けるかわりに将軍に忠誠をつくした。幕府に何か起こった場合には、「いざ鎌倉」と鎌倉街道(左地図)を通って鎌倉の将軍のもとにかけつけることが求められた。

武士は戦場で将軍のために命をおしまず戦うために、ふだんから武芸をみがき、戦いに備《そな》えて訓練をおこたらなかった。

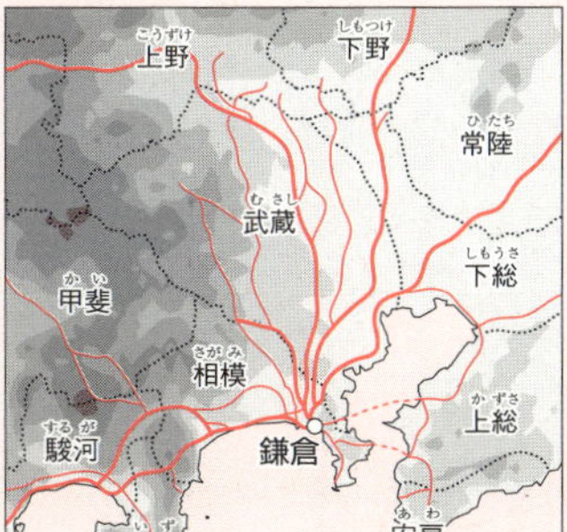

上野《こうずけ》
下野《しもつけ》
常陸《ひたち》
武蔵《むさし》
下総《しもうさ》
甲斐《かい》
相模《さがみ》
駿河《するが》
鎌倉
上総《かずさ》
伊豆《いず》
安房《あわ》

参考　**武士と武芸**…武士は幼《おさな》いころから，馬に乗ったまま放した犬を弓で射《い》る犬追物《いぬおうもの》や，馬に乗ったまま笠などの的《まと》を弓で射る笠がけなどで武芸の腕《うで》をみがいた。

10 元寇《げんこう》と鎌倉幕府《かまくらばくふ》の滅亡《めつぼう》

元軍《げん》が二度にわたって日本に攻《せ》めてきた元寇と、後醍醐天皇《ごだいごてんのう》の倒幕《とうばく》運動によってほろんだ鎌倉幕府のようすを見ていこう。

1 元の襲来《しゅうらい》と動揺《どうよう》する鎌倉幕府

鎌倉幕府が開かれたころ、アジアではチンギス=ハンが**モンゴル帝国《ていこく》**をたて、
五代皇帝《こうてい》**フビライ=ハン**のときにはアジアからヨーロッパにまたがる大帝国となっていた。
日本も属国《ぞっこく》にしよう。

モンゴル（**元**）の使者が日本に来て元に従うように要求したが、幕府はことわった。
小国のくせに生意気《なまいき》だ 攻《せ》めおとせー！

一二七四年十月

元と高麗《コリョ》《こうらい》を合わせた二万数千の大軍が九州の対馬《つしま》・壱岐《いき》をおそい、博多湾《はかたわん》へ攻めこんできた。（**文永の役《ぶんえいのえき》**）
うわぁ 名乗りもなく攻めてくるぞ。
毒矢に**火薬兵器《へいき》**…見たこともない武器《ぶき》だ。
重要

重要用語

チンギス＝ハン（1167？～1227年）…モンゴル帝国の建国者。13世紀初めに部族を統一《とういつ》し，積極的に対外征服《せいふく》を進めて帝国の基礎《きそ》を確立《かくりつ》した。

一騎打《いっきう》ちの戦法をとる日本軍は新兵器《しんへいき》と集団戦法《しゅうだん》をとる元軍に大苦戦した。しかしその晩《ばん》突然《とつぜん》の暴風雨《ぼうふうう》がふきあれた。
重要

やったー！元軍がくだけ散っておる。
神風《かみかぜ》がふいたのだ。

一二八一年、元軍は十四万の兵《へい》と四千四百の軍船で再び攻めてきた。（弘安の役《こうあんのえき》）
重要

しかし元軍は上陸できぬうちにまたしても暴風雨におそわれた。

マメ知識

文永の役後、再び元軍がおそってくることに備え、幕府は御家人に博多湾《はかたわん》の沿岸《えんがん》に高さ約二・五メートルの石塁《せきるい》を約二十キロメートルにわたって築《きず》かせた。弘安の役では、この石塁が元軍の上陸をはばんだ。元軍は、海上にとどまるうちに暴風雨におそわれて大打撃《だいだげき》を受けた。

もっとくわしく

元軍をしりぞけた 北条時宗《ほうじょうときむね》（一二五一〜一二八四年）

元の皇帝フビライ＝ハンは、数回にわたって日本に服属《ふくぞく》を要求する使者を送った。当時十八才の八代執権北条時宗は、この要求を無視《むし》する一方、元軍襲来《しゅうらい》に備《そな》えさせた。

文永の役で元軍をしりぞけた時宗は、再度使者を送ってきたフビライに屈《くっ》せず、使者を切り捨《す》て、弘安の役《こうあんのえき》で元軍を撃退《げきたい》した。二度の元軍の襲来《しゅうらい》をまとめて元寇という。

参考

火薬兵器…元軍が使った火薬の武器（てつはう）は鉄の玉に火薬をつめて爆発《ばくはつ》させるもの。日本軍は大きな音と光におどろき，苦戦した。

勝ったぞ！またも神風《かみかぜ》がふいた！
わしらがいのったから神風がふいたのじゃ。幕府《ばくふ》にほうびをもらおう。
わしらが念《ねん》じたからじゃ。
ばかもん！戦ったのはわしら西国《さいごく》の武士《ぶし》じゃ。
ほうびを！！
こ…困《こま》ったな。戦《いくさ》に勝ったといっても敵《てき》の土地を取ったわけじゃない。
幕府にはほうびにやる土地がない。
えー！恩賞《おんしょう》が出ないって？
戦に費用がかかったが恩賞がもらえずド貧乏《びんぼう》になったよ〜。

マメ知識

元寇のとき幕府は、寺や神社に勝利を祈願《きがん》をさせた。偶然《ぐうぜん》にも元軍との戦いは二度とも暴風雨がふきあれ、元軍は大打撃《だいだげき》を受けて退《しりぞ》いた。この暴風雨は神風とよばれ、日本は神が守る国だという神国《しんこく》思想が生まれた。

参考

恩賞の不足…元軍と戦った九州の御家人竹崎季長《たけざきすえなが》は，恩賞が出なかったため，旅費をつくって鎌倉へ向かい，恩賞奉行《おんしょうぶぎょう》に直接《ちょくせつ》うったえ，馬と地頭職《じとうしょく》をもらった。

苦しんだ御家人《ごけにん》の中には高利貸《こうりが》しから借金をする者もふえたという…。
そうだ！御家人が借金を返さなくてもよいという「徳政令《とくせいれい》」を出そう！
徳政令
高利貸し
それでは金を貸したわしらは丸損《まるぞん》ではないか！
もう武士には金を貸《か》さんぞ。
金
恩賞は出ない。金は借りられない。
武士のことを考えているのか！なまくら幕府め！
経済《けいざい》は乱《みだ》れ、鎌倉《かまくら》幕府に対する御家人の不満が高まっていった。
重要

マメ知識

鎌倉時代の武士の相続は、親の土地を兄弟姉妹が等しく分ける分割相続であったため、兄弟姉妹の人数分に土地が分けられ、相続がくり返されると一人分の領地《りょうち》は小さくなっていった。そこへ元寇の戦費も重なり、御家人の生活はさらに苦しくなった。

もっとくわしく

御家人の救済《きゅうさい》

徳政令

徳政令は借金を帳消《ちょうけ》しにする命令で、鎌倉幕府《かまくらばくふ》が一二九七年に出した永仁《えいにん》の徳政令が有名。元寇《げんこう》の戦費や分割相続《ぶんかつそうぞく》などで生活が苦しくなり、領地《りょうち》を質入《しちい》れした御家人を救済するために出されたもの。御家人の土地の売却《ばいきゃく》・質入れの禁止《きんし》、売ってから二十年すぎていない土地をただで返させる、御家人の関係するお金の貸し借りのうったえを受けつけない、などを決めた。

……

参考

徳政令の混乱《こんらん》…徳政令によって御家人は一時的に救われたが，経済は混乱し，御家人へお金を貸す者がいなくなった。徳政令の一部は翌年《よくねん》に廃止《はいし》された。

2 倒幕《とうばく》の動きと鎌倉幕府《かまくらばくふ》の滅亡《めつぼう》

鎌倉幕府《かまくらばくふ》は信用を失っている。政権《せいけん》を朝廷《ちょうてい》に取りもどすチャンスだ!
後醍醐天皇《ごだいごてんのう》
北条高時《ほうじょうたかとき》
なに!天皇が倒幕《とうばく》の計画を立てているだと!
後醍醐天皇は隠岐《おき》(島根県)へ流された。
二度も計画がバレて失敗したが、まだあきらめんぞ。
諸国《しょこく》の武士《ぶし》たちに密書《みっしょ》を送りまくってやる。

よーし脱出《だっしゅつ》に成功したぞ。
その後隠岐を脱出した後醍醐天皇は、伯耆《ほうき》(鳥取県)で兵《へい》をあげた。
天皇に従《したが》い鎌倉幕府をたおすのだ!
楠木正成《くすのきまさしげ》
おー!

参考 **北条高時**(1303〜1333年)…鎌倉幕府14代執権《しっけん》。実権《じっけん》は側近がにぎり,政治《せいじ》が乱《みだ》れた。のち,新田義貞に鎌倉を攻《せ》められて一族とともにほろびた。

尊氏《たかうじ》、天皇が幕府をたおそうとしておる。伯耆へ向かえ！
はっ！
足利尊氏《あしかがたかうじ》
しかし…幕府はもう落ち目だ…。
幕府のために戦うことが武士のためになるとは思えん…。
尊氏様 後醍醐天皇より密書が届《とど》きました。
幕府をたおせとな…。
われらの敵《てき》は朝廷ではなく幕府…北条氏《ほうじょうし》である！
おお！

マメ知識

後醍醐天皇は倒幕を二度計画した。一回目の倒幕計画は失敗して参加した公家《くげ》らが流罪《るざい》となったが、天皇はとくにはとがめられなかった。しかし、二回目の計画失敗では天皇もとらえられ、隠岐（島根県）へ流された。

もっとくわしく

後醍醐天皇の倒幕《とうばく》計画にこたえた

足利尊氏・新田義貞《にったよしさだ》

後醍醐天皇の鎌倉幕府打倒《だとう》のよびかけにこたえた鎌倉幕府の御家人《ごけにん》に足利尊氏と新田義貞がいる。二人は鎌倉幕府をたおして、後醍醐天皇の政権《せいけん》を実現《じつげん》させた功労者《こうろうしゃ》であった。

しかし、数年後、尊氏は建武《けんむ》の新政《しんせい》に不満をもつ武士らにおされて天皇に反旗をひるがえすことになり、義貞は天皇側の武将《ぶしょう》として数度にわたって尊氏と戦い、戦死した。

重要用語

楠木正成（？～1336年）…河内《かわち》（大阪《おおさか》府）の豪族《ごうぞく》。後醍醐天皇のよびかけに応《おう》じて兵《へい》をあげた。戦上手《いくさじょうず》で幕府軍を苦戦させたが，のちに足利尊氏と戦って敗死した。

尊氏《たかうじ》は京都の六波羅探題《ろくはらたんだい》（京都におかれた幕府《ばくふ》の拠点《きょてん》）をおそい、一気に攻《せ》め落《お》とした。
そのころ上野《こうずけ》（群馬《ぐんま》県）では新田義貞《にったよしさだ》が天皇《てんのう》に味方し兵《へい》をあげた。
おおおー！
これより鎌倉《かまくら》に向かい幕府をたおす！
しかし鎌倉は前は海で三方を山で囲まれた自然の要害。
山ごえの街道はせまく幕府軍の抵抗《ていこう》で突破《とっぱ》できません。
残るは海か…。
この断崖《だんがい》では兵馬《へいば》は通れません。
みなのもの天は必ずわれらに味方する。
これを見よ！
ボチャン！

マメ知識

足利尊氏《あしかがたかうじ》の名は、もとは「高氏」であったが、鎌倉幕府をたおした功績《こうせき》をたたえて後醍醐天皇《ごだいごてんのう》から、天皇の名「尊治《たかはる》」から「尊」の一字をあたえられ、「尊氏」となった。

重要用語

六波羅探題…鎌倉幕府が1221年の承久《じょうきゅう》の乱《らん》後に京都においた役所。京都の警備《けいび》や朝廷《ちょうてい》の監視《かんし》，西国《さいごく》の御家人《ごけにん》の監督《かんとく》を行った。

おおっ！
潮《しお》が引いていくぞ！
われらには天がついている。それ鎌倉へ！
じつは前もって潮の満ち引きを調べておいたんだもんね。みなこれでふるいたっただろう。
うわぁー！新田軍が海から攻めてきた！
思いがけない方向から攻められた幕府軍は防戦《ぼうせん》もままならず敗れさった。
一三三三年、北条氏《ほうじょうし》はほろび、**鎌倉幕府《かまくらばくふ》は滅亡《めつぼう》**した。
重要

マメ知識

新田義貞の鎌倉攻めで追いつめられた、十四代執権《しっけん》だった北条高時《ほうじょうたかとき》ら北条氏や家来《けらい》は、北条氏の菩提寺《ぼだいじ》である東勝寺《とうしょうじ》にこもり、寺に火を放って数百人が自害し、北条氏はほろびた。

もっとくわしく

幕府や領主《りょうしゅ》に従《したが》わない

悪党《あくとう》の出現《しゅつげん》

元寇《げんこう》や分割相続《ぶんかつそうぞく》などで、御家人《ごけにん》の生活が苦しくなり、幕府の支配《しはい》がゆきづまると、近畿《きんき》地方を中心に、地頭《じとう》や荘園《しょうえん》領主に従わず、武力《ぶりょく》で反抗《はんこう》する新興《しんこう》の武士《ぶし》が現《あらわ》れた。彼《かれ》らは幕府や荘園領主から悪党とよばれた。

その動きはしだいに各地に広がっていき、幕府打倒《だとう》に活やくした楠木正成《くすのきまさしげ》のような者も現れた。

重要用語

新田義貞(1301〜1338年)…上野(群馬県)で幕府打倒の兵をあげ，鎌倉を攻めて北条氏をほろぼした。建武《けんむ》の新政《しんせい》では，京都の警備《けいび》にあたる武者所《むしゃどころ》の長官となった。

要点整理と重要事項のまとめ③

① 武士《ぶし》の登場と平氏政権《へいしせいけん》(平安《へいあん》時代)

①武士の登場と成長

- **武士の登場**…源氏《げんじ》・平氏《へいし》などを棟梁《とうりょう》に大武士団《だいぶしだん》を形成。

②院政《いんせい》と平氏政権

- **院政**…1086年に白河天皇《しらかわてんのう》が上皇《じょうこう》となって院政を開始。貴族《きぞく》らが荘園《しょうえん》を上皇に寄進《きしん》。
- **平氏の進出**…保元《ほうげん》の乱《らん》，平治《へいじ》の乱《らん》を経《へ》て勢力《せいりょく》をのばす。
- **平清盛《たいらのきよもり》**…武士としてはじめて太政大臣《だいじょうだいじん》に。日宋貿易《にっそうぼうえき》で富《とみ》をたくわえる。

② 鎌倉幕府《かまくらばくふ》の政治《せいじ》(鎌倉時代)

①源平《げんぺい》の合戦《かっせん》と鎌倉幕府の誕生《たんじょう》

- **源平《げんぺい》の戦い**…源頼朝《みなもとのよりとも》が兵《へい》をあげ，壇《だん》ノ浦《うら》の戦いで平氏をほろぼす。
- **鎌倉幕府**…国ごとに守護《しゅご》，荘園などに地頭《じとう》を設置《せっち》。将軍《しょうぐん》と御家人《ごけにん》は御恩《ごおん》と奉公《ほうこう》の関係。1192年，頼朝は征夷大将軍《せいいたいしょうぐん》に。

②執権《しっけん》政治と承久《じょうきゅう》の乱《らん》

- **執権政治**…源氏の将軍がとだえ，北条氏《ほうじょうし》が実権《じっけん》をにぎる。
- **承久の乱**…後鳥羽上皇《ごとばじょうこう》が兵をあげたが失敗。

③武士のくらし

- **質素《しっそ》な生活**…農業のかたわら武芸《ぶげい》にはげむ。

③ 元寇《げんこう》と鎌倉幕府の滅亡《めつぼう》(鎌倉時代)

①元《げん》の襲来《しゅうらい》

- **モンゴル帝国《ていこく》と元**…フビライ＝ハンが中国を支配《しはい》して元とする。宋《そう》をほろぼす。
- **元寇**…元が属国《ぞっこく》となるよう求めるが北条時宗《ほうじょうときむね》が拒否《きょひ》。元軍が2度九州北部に攻《せ》めよせる。

②鎌倉幕府の動揺《どうよう》

- **幕府の衰退《すいたい》**…元寇後，幕府の財政《ざいせい》は悪化。御家人の生活を救うために徳政令《とくせいれい》を出す。
- **幕府の滅亡**…後醍醐天皇《ごだいご》が倒幕《とうばく》を計画。足利尊氏《あしかがたかうじ》，新田義貞《にったよしさだ》らが幕府をほろぼす。

重要事項の一問一答③

① 武士の登場と平氏政権（平安時代）

（答え記入欄）

①大武士団の棟梁として多くの武士を従《したが》えたのは平氏と，あと1つは何氏ですか。……

②上皇の御所《ごしょ》で行われる政治を何といいますか。……

③武士としてはじめて太政大臣になった人物はだれですか。……

④③の人物が進めた中国との貿易は何とよばれますか。……

② 鎌倉幕府の政治（鎌倉時代）

①鎌倉幕府を開いた人物で，1192年に征夷大将軍に任じられたのはだれですか。……

②鎌倉幕府のもとで，国ごとにおかれた役職《やくしょく》を何といいますか。……

③鎌倉幕府のもとで，荘園や公領《こうりょう》におかれた役職を何といいますか。……

④北条氏が代々独占《どくせん》していた鎌倉幕府の役職を何といいますか。……

⑤1221年，後鳥羽上皇が挙兵《きょへい》して始まった戦いを何といいますか。……

③ 元寇と鎌倉幕府の滅亡（鎌倉時代）

①モンゴル帝国の一部を支配し，国号を元と改め，宋をほろぼした人物はだれですか。……

②2度にわたる元軍の襲来《しゅうらい》をまとめて何といいますか。……

③鎌倉幕府をたおすため，各地の武士に挙兵するようよびかけた天皇はだれですか。……

答え　1 ①源氏　②院政　③平清盛　④日宋貿易　2 ①源頼朝　②守護　③地頭　④執権　⑤承久の乱　3 ①フビライ＝ハン　②元寇　③後醍醐天皇

11 建《けん》武《む》の新《しん》政《せい》と室《むろ》町《まち》幕《ばく》府《ふ》

後醍醐天皇《ごだいごてんのう》の建武の新政は二年余《あま》りでくずれ、足利尊氏《あしかがたかうじ》が室町幕府を開いて政治《せいじ》をとった。そのようすを見ていこう。

1 建武の新政と南北朝《なんぼくちょう》の争い

鎌倉《かまくら》幕府もほろんだわい。京都で天皇中心の政治を行うぞ。
後醍醐天皇
一三三四年、年号を建武と改めたので新しい政治を**建武の新政**という。
重要

しかし…、
公家《くげ》と武士《ぶし》をまとめてわしが政治を行う。
役人は公家中心にして武士は重要な地位にはつけないでおこう。

わしら公家は大出世じゃ。
ワッハハハ…
不公平だ！幕府をたおしたのはわしら武士なのに、公家ばかり優遇《ゆうぐう》している。
わしなんか恩賞《おんしょう》ももらえない。

参考 **天皇中心の政治**…後醍醐天皇は院政《いんせい》をやめ，摂政《せっしょう》・関白《かんぱく》をおかずに天皇が自ら政治を行う天皇親政による建武の新政を開始した。

マメ知識

後醍醐天皇に対する武士の不満には、不公平な恩賞のほかにも、武士社会の慣習《かんしゅう》を無視《むし》したり、御所《ごしょ》の大内裏《だいだいり》の再建を計画してその費用を諸国《しょこく》の地頭《じとう》に負担《ふたん》させたことなどがあった。

これじゃなんのために幕府をたおしたのかわからん。
もとの武家《ぶけ》政治のほうがマシではないか！
足利尊氏《あしかがたかうじ》様どうか武家政治の復活《ふっかつ》を！
お願いします。
足利氏は清和源氏《せいわげんじ》の流れをくむ武士の棟梁《とうりょう》にふさわしい家系《かけい》。
わしは多くの武士の期待にこたえねばならん。
武士のために立ち上がるぞ。
座《すわ》ってますが…

もっとくわしく

後醍醐天皇の政治

建武の新政

後醍醐天皇は、平安《へいあん》時代初期の醍醐《だいご》天皇が行った天皇親政《しんせい》を理想としてかかげ、天皇に権限《けんげん》を集中した独裁体制《どくさいたいせい》を築《きず》こうとした。

しかし、公家を重んじて武士を軽くあつかった政策《せいさく》はさまざまな混乱《こんらん》をまねいた。このため、武家政治の復活《ふっかつ》を望む武士におされた足利尊氏が天皇にそむき、建武の新政はわずか二年余りでくずれた。

重要用語

足利尊氏(1305〜1358年)…室町幕府の初代将軍《しょうぐん》。鎌倉幕府をたおしたが，建武の新政に失望し，室町幕府をつくって武家政治を復活させた。

一三三五年、足利尊氏《あしかがたかうじ》は反朝廷《はんちょうてい》の武士《ぶし》を集めて京都へ攻《せ》め入《い》ったが、
失敗か…九州へのがれよう。
募集
西国《さいごく》にはたくさんいる。兵《へい》を集めて立て直しだ。
光厳上皇《こうごんじょうこう》からの院宣《いんぜん》も届《とど》いた。
よしっ再び京都へ攻め入るぞ！
われわれは朝敵《ちょうてき》ではないぞ！
後醍醐天皇《ごだいごてんのう》方の新田義貞《にったよしさだ》楠木正成《くすのきまさしげ》をたおせ！
一三三六年足利尊氏は天皇の軍を破《やぶ》った。
勝ったぞ！

マメ知識

一三三四年（一三三五年とも）、京都の二条河原《にじょうがわら》に「このごろ都にはやるもの。夜《よ》討《う》ち・強盗《ごうとう》・にせ綸旨《りんじ》（にせの天皇の命令書）・召人《めしうど》（囚人《しゅうじん》）・早馬《はやうま》・からさわぎ…」と建武の新政の混乱《こんらん》ぶりを風刺《ふうし》した落書《らくしょ》（文書）が張《は》り出《だ》された。

参考 **上皇の院宣**…尊氏は後醍醐天皇と対立する光厳上皇から，新田義貞を討《う》てという院宣（院《いん》の命令書）をもらうことで朝敵（朝廷の敵）でないことを示《しめ》し，味方をふやした。

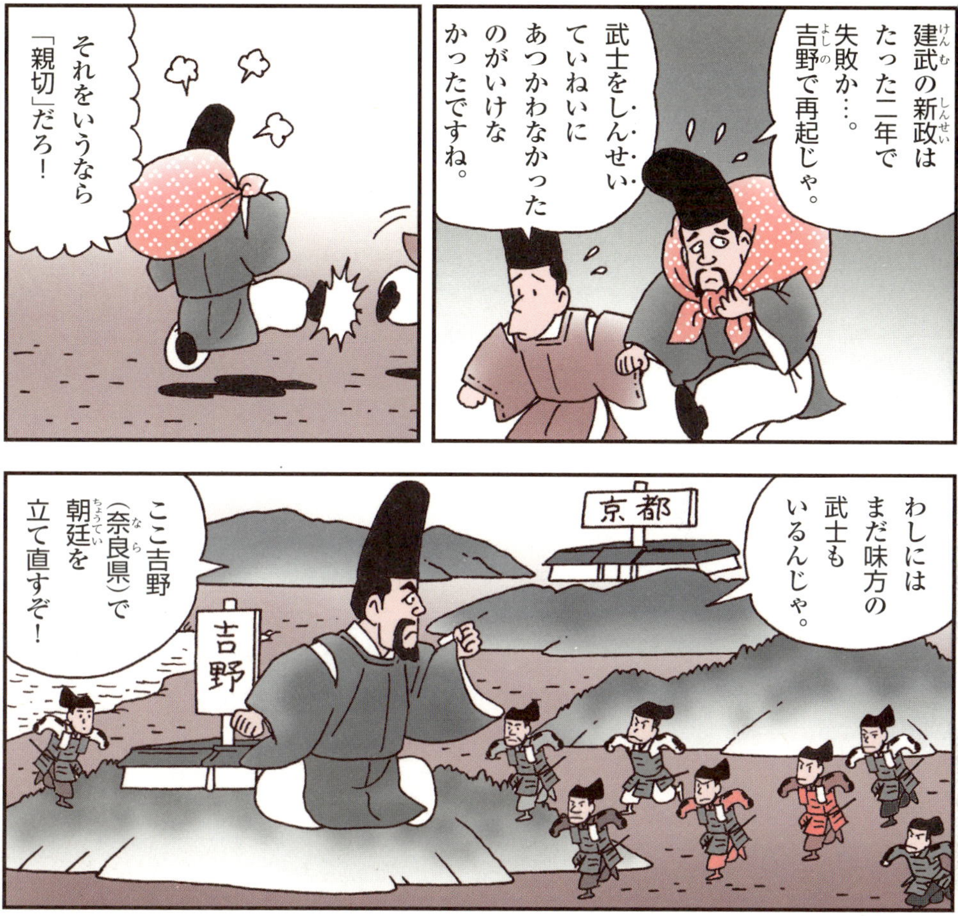
建武《けんむ》の新政《しんせい》はたった二年で失敗か…。吉野《よしの》で再起じゃ。
武士をしんせいていねいにあつかわなかったのがいけなかったですね。
それをいうなら「親切」だろ！
京都
わしにはまだ味方の武士もいるんじゃ。
吉野
ここ吉野（奈良県《なら》）で朝廷《ちょうてい》を立て直すぞ！

マメ知識

後醍醐天皇が政治を始めると、鎌倉幕府《かまくらばくふ》十四代執権《しっけん》の北条高時《ほうじょうたかとき》の子、時行《ときゆき》は幕府再興《さいこう》をめざして兵《へい》をあげ、鎌倉を占領《せんりょう》した。尊氏はこの乱《らん》をしずめるために鎌倉に向かい、乱の鎮圧《ちんあつ》後、天皇から京都へもどるよう命じられたが、そのままとどまって天皇にそむいた。

もっとくわしく

楠木正成の最期《さいご》

湊川《みなとがわ》の戦い

一三三六年、後醍醐天皇方の武将《ぶしょう》楠木正成と新田義貞は、九州から京都に向けて進軍してきた足利尊氏軍を摂津《せっつ》（兵庫県《ひょうご》）湊川でむかえ討《う》った。しかし、軍勢《ぜい》の少ない楠木軍は、敵の大軍《ぐん》の前に敗れ、力つきた正成は弟や、戦いに従《したが》った一族とともに自害し、新田義貞は敗走した。

勝利した尊氏軍は京都に入り、北朝《ほくちょう》の光明《こうみょう》天皇を即位《そくい》させた。

参考

吉野への脱出…尊氏は比叡山《ひえいざん》に避難《ひなん》していた後醍醐天皇を京都の屋敷《やしき》におしこめ，光明天皇に位をゆずらせた。後醍醐天皇は，京都を脱出《だっしゅつ》して吉野へのがれた。

2 室町幕府《むろまちばくふ》の誕生《たんじょう》と幕府の政治《せいじ》

尊氏《たかうじ》は京都で光明天皇《こうみょうてんのう》をたて、一三三八年征夷大将軍《せいいたいしょうぐん》に任じられた。
京都に新しい幕府《ばくふ》を開くぞ！
室町幕府の誕生だ！

再び武家政治《ぶけせいじ》が始まったな。
よかったよかった。
そんなあまいもんじゃないわい。

京都の天皇などみとめんぞ。
わしがまだ正式な天皇でこの吉野《よしの》が朝廷《ちょうてい》じゃ。
南朝
何をいうか！光明天皇が正式な天皇だ！
北朝
こうして吉野の南朝《なんちょう》、京都の北朝《ほくちょう》と二つの朝廷ができ、南北朝《なんぼくちょう》の対立が始まった。

参考 **光明天皇**(1321～1380年)…光厳上皇《こうごんじょうこう》の弟で，足利尊氏《あしかがたかうじ》の支援《しえん》を受けて即位《そくい》した北朝の天皇。尊氏を征夷大将軍に任命した。

入試に出る!
全国の武士も南朝方と北朝方の二つに分かれ、その後約六十年にわたって争った。
この内乱《ないらん》の時代を南北朝時代《なんぼくちょう》という。

南朝に勝つためにも足もとをしっかりと固《かた》めねば…。
鎌倉幕府《かまくら》のよいところを見習い、政治のしくみを整えるぞ。

建武式目《けんむしきもく》で十七か条《じょう》の政治の方針《ほうしん》を打ち出したぞ。
倹約《けんやく》をして身をつつしむこと…。
京都の空き地を元の持ち主に返すこと…。
土地を返してくれるってさ。よかったな〜。

マメ知識

足利尊氏は後醍醐天皇《ごだいごてんのう》の死後、天皇の冥福《めいふく》をいのり、京都に天竜寺《てんりゅうじ》を建立《こんりゅう》することにした。尊氏は寺院の造営費《ぞうえいひ》を得るために、元《げん》(中国)に天竜寺船を派遣《はけん》して貿易《ぼうえき》を行った。

もっとくわしく

南北朝の争いで再燃《さいねん》した 天皇家の争い

天皇家が南朝と北朝に分かれた背景《はいけい》には、十三世紀中ごろから、天皇家が二つの系統《けいとう》に分かれて次の皇位《こうい》を争った対立があった。この対立は、それぞれの系統から交互に天皇をたてることでいったんはおさまっていたが、南朝と北朝の対立によって二つの系統の対立が再び起こり、武士もまきこんではげしい争いに発展《はってん》した。

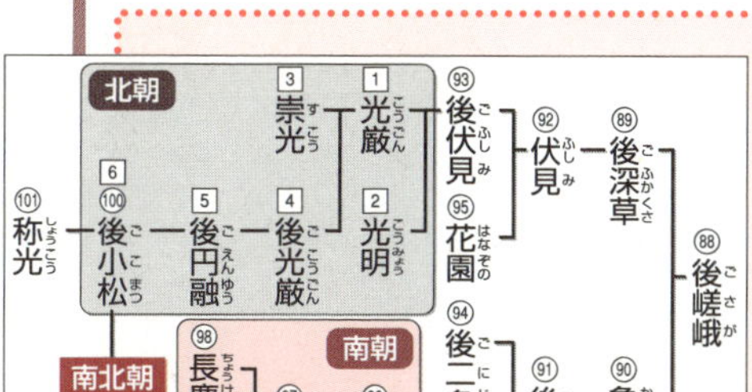
北朝
南朝
88 後嵯峨《ごさが》
89 後深草《ごふかくさ》
90 亀山《かめやま》
92 伏見《ふしみ》
91 後宇多《ごうだ》
93 後伏見《ごふしみ》
95 花園《はなぞの》
94 後二条《ごにじょう》
1 光厳《こうごん》
2 光明《こうみょう》
3 崇光《すこう》
4 後光厳《ごこうごん》
5 後円融《ごえんゆう》
6 100 後小松《ごこまつ》
101 称光《しょうこう》
96 後醍醐《ごだいご》
97 後村上《ごむらかみ》
98 長慶《ちょうけい》
99 後亀山《ごかめやま》
南北朝の統一(1392年)
(数字は即位順 1〜6は北朝)

参考

建武式目…1336年に足利尊氏が定めた17か条の政治方針《ほうしん》。武家政治再開の宣言《せんげん》のようなもので，具体的な法令としては鎌倉時代に定められた御成敗式目《ごせいばいしきもく》が用いられた。

重要
将軍《しょうぐん》
地方
鎌倉
（京都）
管領《かんれい》
守護《しゅご》
地頭《じとう》
鎌倉府《かまくらふ》
（関東八か国ほか二か国を治める）
問注所《もんちゅうじょ》
（記録の保管《ほかん》）
政所《まんどころ》
（幕府の財政《ざいせい》）
侍所《さむらいどころ》
（軍事・警察《けいさつ》）
これが室町幕府《むろまちばくふ》のしくみじゃ。

さらに武士《ぶし》の力を強めるために守護の権限《けんげん》を強くしよう。
権限
荘園《しょうえん》の年貢《ねんぐ》の半分をもらえる権利《けんり》もあるぞ。
軍事
警察
南北朝《なんぼくちょう》の争いも続いておる。手がらを立てれば領地《りょうち》がふえる。
領地を拡大《かくだい》して領内の地頭や地侍《じざむらい》を家来《けらい》に従《したが》えて…っと。

マメ知識

室町幕府では、尊氏の弟の直義《ただよし》と、尊氏の側近の高師直《こうのもろなお》が対立して戦い、さらに直義と尊氏が戦うなど、政権《せいけん》内部で争いが絶《た》えなかった。これに乗じて南朝が勢《いきお》いをもり返し、南北朝の争乱《そうらん》はさらにはげしくなった。

重要用語

管領…将軍を補佐《ほさ》して室町幕府の政務《せいむ》のすべてをみる役職《やくしょく》。足利氏一族の有力守護である細川《ほそかわ》・斯波《しば》・畠山《はたけやま》の三氏から任命された。

南北朝の争いの中で守護はどんどん力をのばし、その国の領主《りょうしゅ》のようになった。
重要
わしらのことを守護大名《しゅごだいみょう》というんだ。
南北朝の争いは各地でくり広げられ、勝ったり負けたりをくり返していたが、
一三四八年、北朝《ほくちょう》軍は吉野《よしの》を攻め、後醍醐天皇《ごだいごてんのう》のあとをついでいた後村上天皇《ごむらかみ》は賀名生《あのう》(奈良県《なら》)にのがれて南朝《なんちょう》はしだいにおとろえていった。

マメ知識

後醍醐天皇は、皇子《みこ》らを各地に派遣《はけん》して味方の武士をふやすよう努めたが、南朝の有力武将《ぶしょう》の北畠顕家《きたばたけあきいえ》・新田義貞《にったよしさだ》らが戦死して勢力《せいりょく》がおとろえた。

もっとくわしく

守護から守護大名へ

守護大名の誕生《たんじょう》

室町《むろまち》時代の守護は権限が拡大し、領地の地頭や武士《ぶし》を従《したが》えて国全体を支配《しはい》する領主となった。このような守護を鎌倉時代と区別し、守護大名とよぶ。

なかには数か国を支配する者も現《あらわ》れ、代々の将軍は有力な守護大名をおさえることに苦心した。三代将軍足利義満《あしかがよしみつ》は有力な守護大名を次々とたおしたが、義満の後の将軍は守護大名におされて力が弱まった。

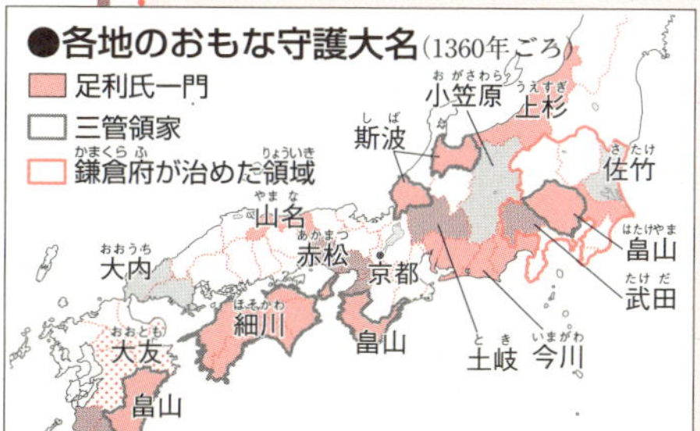
●各地のおもな守護大名(1360年ごろ)
足利氏一門
三管領家
鎌倉府《かまくらふ》が治めた領域《りょういき》
小笠原《おがさわら》
上杉《うえすぎ》
斯波《しば》
佐竹《さたけ》
山名《やまな》
赤松《あかまつ》
京都
大内《おおうち》
畠山《はたけやま》
武田《たけだ》
細川《ほそかわ》
畠山
土岐《とき》
今川《いまがわ》
大友《おおとも》
畠山
島津《しまづ》

参考

鎌倉府…東国《とうごく》支配のために鎌倉におかれた機関。尊氏《たかうじ》の子とその子孫が鎌倉公方《かまくらくぼう》(長官)についた。しだいに行政《ぎょうせい》・軍事上で独立《どくりつ》し，京都の幕府と対立するようになった。

12 足利義満《あしかがよしみつ》と東アジアの動き

室町幕府《むろまちばくふ》は三代将軍《しょうぐん》足利義満の時代にもっとも栄えた。二つの朝廷《ちょうてい》は一つになり、明《みん》との勘合貿易《かんごうぼうえき》も始まった。そのようすを見ていこう。

1 足利義満の登場と金閣《きんかく》の造営《ぞうえい》

二代将軍《しょうぐん》足利義詮《あしかがよしあきら》が病死したため、一三六八年、足利義満《あしかがよしみつ》が三代将軍となった。
ぼくまだ小さいけど、
わたしがついております。
管領《かんれい》 細川頼之《ほそかわよりゆき》

一三七八年、義満は京都の室町《むろまち》に「花の御所《ごしょ》」とよばれる屋敷《やしき》を建てた。
重要
みごとじゃ。ここに幕府《ばくふ》を移《うつ》して政治《せいじ》を行おう。
室町の幕府「室町幕府《むろまちばくふ》」ですな。

幕府の足もとを固《かた》めるには南北朝《なんぼくちょう》の問題を解決《かいけつ》せねば…。

なんとか南朝《なんちょう》側を説得して合体させてしまおう。
はっ！

参考 **細川頼之**(1329～1392年)…有力な守護大名《しゅごだいみょう》。２代将軍足利義詮の遺《ゆい》言《ごん》で管領となり，幼《おさな》くして３代将軍となった義満を補佐《ほさ》した。

講和条件《こうわじょうけん》ですがこれからは南朝と北朝《ほくちょう》で交互《こうご》に天皇《てんのう》を出す…などでどうでしょう。
うむ…、それならよかろう。
最近は南朝に味方する武士《ぶし》も少なくなったのでちょうどよかったわい。
一三九二年南北朝が一つになった。
重要
約六十年も続いた争いが終わったぞ。
…でも講和条件は無視《むし》…。天皇も北朝からしか出さないもんね。
え〜っ！こうわじゃなくてこぅわ〜い条件だったのね。

マメ知識

南朝の後亀山《ごかめやま》天皇が、北朝の後小松《ごこまつ》天皇に位をゆずる形で南北朝が一つにまとまった。しかし、南朝・北朝から順番に天皇を出すという講和の条件が守られなかったため、南朝側の武士らは朝廷《ちょうてい》や幕府に反発し、その後も南朝の皇位回復《こういかいふく》の戦いを続けた。

もっとくわしく

足利義満の屋敷

花の御所

室町幕府は、三代将軍足利義満のときにもっとも栄えた。義満は京都の室町に邸宅《ていたく》をつくり、そこで政治《せいじ》を行った。そのため、足利氏の幕府を室町幕府という。

義満が建てた邸宅は、名花・名木が集められ、四季折々《おりおり》の花が咲《さ》いていたことから、「花の御所」とよばれた。

しかし、一四六七年から始まった応仁《おうにん》の乱《らん》で焼け落ちた。

重要用語

足利義満(1358〜1408年)…室町幕府３代将軍。有力な守護大名を次々にたおし，南北朝を１つにするなど，将軍の権力《けんりょく》を強めて室町幕府の全盛期《ぜんせいき》を築《きず》いた。

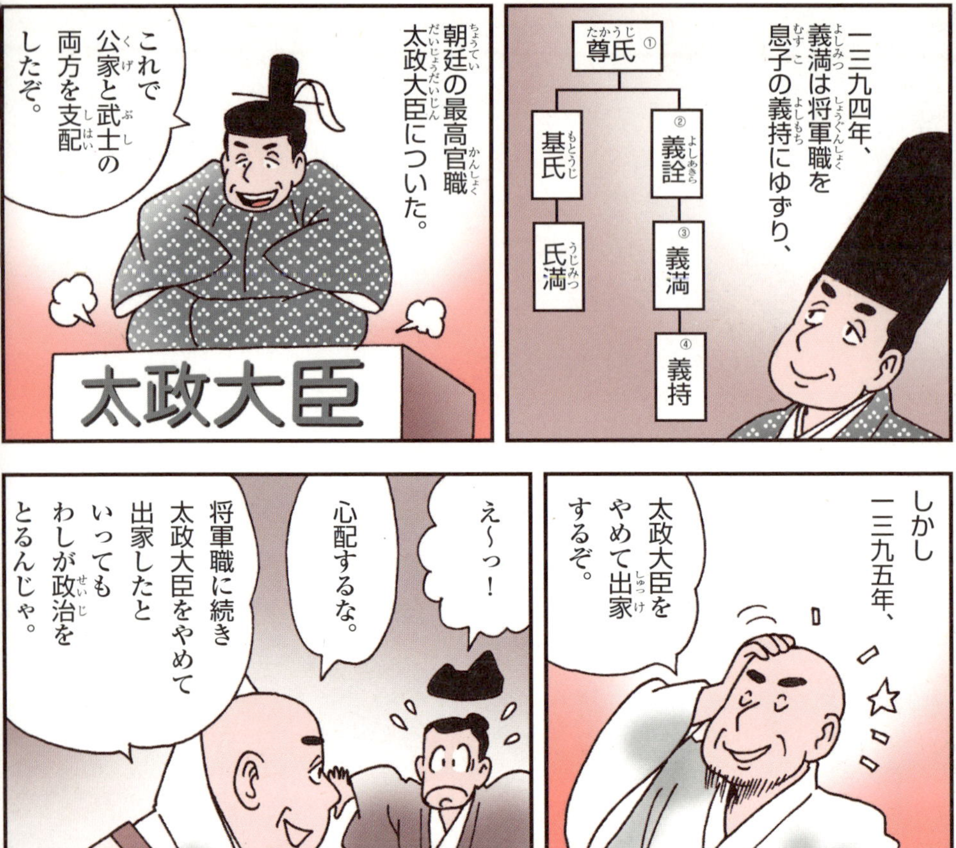
一三九四年、義満《よしみつ》は将軍職《しょうぐんしょく》を息子《むすこ》の義持《よしもち》にゆずり、
尊氏《たかうじ》①
基氏《もとうじ》
氏満《うじみつ》
②義詮《よしあきら》
③義満
④義持
朝廷《ちょうてい》の最高官職《かんしょく》太政大臣《だいじょうだいじん》についた。
これで公家《くげ》と武士《ぶし》の両方を支配《しはい》したぞ。
太政大臣
しかし一三九五年、
太政大臣をやめて出家《しゅっけ》するぞ。
え～っ！
心配するな。
将軍職に続き太政大臣をやめて出家したといってもわしが政治《せいじ》をとるんじゃ。
北山《きたやま》に別荘《べっそう》を建てる。
費用はいくらかかってもかまわんぞ。
え～しかし予算がありませんが…。
全国の守護《しゅご》に出させるのじゃ。

マメ知識

三代将軍足利義満は、力をつけてきた有力な守護大名《しゅごだいみょう》をおさえ、幕府の権威《けんい》を高めることに力をつくした。義満は一三九〇年に有力守護の土岐康行《ときやすゆき》、一三九一年の明徳《めいとく》の乱《らん》で山名氏清《やまなうじきよ》、一三九九年の応永《おうえい》の乱で大内義弘《おおうちよしひろ》をたおし、幕府の力を強化した。

重要用語

金閣…足利義満が造営《ぞうえい》した北山山荘の建物の一つ。義満の死後，金閣を残して北山山荘の建物の多くは解体《かいたい》され，のちに禅宗の鹿苑寺となった。

入試に出る!
一三九七年、義満は京都の北山に金閣《きんかく》とよばれる別荘をつくった。
どうじゃ三階建てだぞ。

一階は寝殿造《しんでんづくり》でわしの像《ぞう》を安置する予定じゃ。
二階は武家《ぶけ》風の造りで…三階は禅宗《ぜんしゅう》寺院の様式《ようしき》。舎利殿《しゃりでん》は金ぱくがはってあるんじゃ。ぜいたくなもんじゃろうが…。
わしの権力《けんりょく》の象徴《しょうちょう》だな。わっははは…。
自慢話《じまんばなし》は聞きたくないので散会（さんかい）。

マメ知識

足利義満以降《いこう》、幕府の権力《けんりょく》は弱まり、守護大名の力が大きくなった。六代将軍足利義教《あしかがよしのり》は守護大名にきびしい態度《たいど》をとり、将軍の権威回復《かいふく》に努めたが、守護大名の赤松満祐《あかまつみつすけ》に暗殺され、その後、将軍の力はさらに弱まっていった。

もっとくわしく

北山文化

足利義満のころの文化

室町幕府《むろまちばくふ》三代将軍の足利義満の時代に栄えた文化。この文化は京都北山にある金閣（鹿苑寺《ろくおんじ》金閣）を代表とするので、北山文化とよばれた。

公家の様式である寝殿造と、武家《ぶけ》が好んだ禅宗の様式を一つの建物に取り入れた金閣に見られるように、武家と公家の文化が融合《ゆうごう》した形式が特徴《とくちょう》。

このころ義満の保護《ほご》を受けて能楽《のうがく》が大成された。

↓金閣

重要用語

能楽(能)…田楽《でんがく》や猿楽《さるがく》(こっけい劇《げき》)などの民間芸能《げいのう》を取り入れた舞《まい》と謡《うたい》を中心とした演劇《えんげき》で，足利義満の保護を受けた観阿弥《かんあみ》・世阿弥《ぜあみ》父子によって大成された。

2 勘合貿易《かんごうぼうえき》の開始

花の御所《ごしょ》や
金閣《きんかく》の造営《ぞうえい》で
幕府《ばくふ》の財政《ざいせい》は
苦しくなって
います。
イヤなこと
いうなぁ。
財源確保《ざいげんかくほ》の
ために
明《みん》との貿易《ぼうえき》を
始めようと
考えていた
ところじゃ。

一三六八年、
中国では
「元《げん》」を北方に
追いやった
「明」が成立
していた。
明
たしかに……
中国は明の
時代となって
いますが、
しかし
元寇《げんこう》以来
日本とは国交が
とだえています。

じゃが
明のほうから
「倭寇《わこう》」の
取りしまりと
貿易を求めて
きているのだ。
九州北部や
瀬戸内《せとうち》などの者で
朝鮮《ちょうせん》半島や
中国沿岸《えんがん》
へ行き、
海賊行為《かいぞくこうい》をはたらい
ているやからの
ことですな。

重要用語

明(1368〜1644年)…貧《まず》しい農民出身の朱元璋《しゅげんしょう》(洪武帝《こうぶてい》)が元をたおして建国した中国の王朝。３代永楽帝《えいらくてい》は積極的な対外政策《せいさく》をとって領土《りょうど》を広げ，もっとも栄えた。

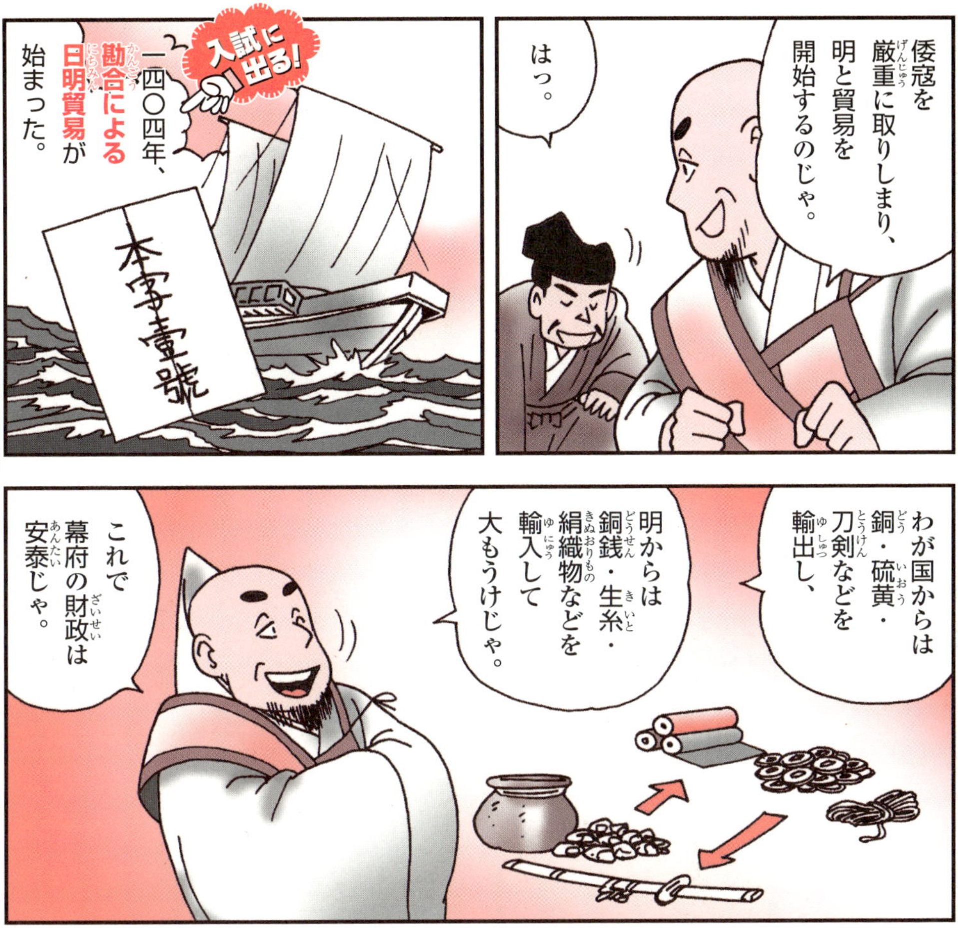
倭寇を厳重《げんじゅう》に取りしまり、明と貿易を開始するのじゃ。
はっ。
入試に出る!
一四〇四年、勘合《かんごう》による日明《にちみん》貿易が始まった。
本字壹號
わが国からは銅《どう》・硫黄《いおう》・刀剣《とうけん》などを輸出《ゆしゅつ》し、
明からは銅銭《どうせん》・生糸《きいと》・絹織物《きぬおりもの》などを輸入《ゆにゅう》して大もうけじゃ。
これで幕府の財政《ざいせい》は安泰《あんたい》じゃ。

もっとくわしく

日本と明の貿易

勘合《かんごう》貿易のしくみ

勘合貿易（日明貿易）は、倭寇と正式な貿易船を区別するために、勘合という合い札《ふだ》を使って行われた。

明は、文字の片《かた》半分を印字した勘合という合い札と底簿《ていぼ》を作成し、日本の貿易船は勘合をもって明に行き、勘合と明の底簿が合致《がっち》すれば正式な貿易船とみとめられた。

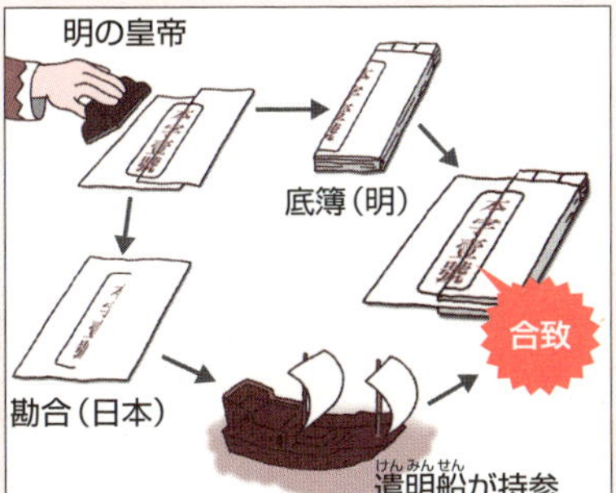
明の皇帝
底簿（明）
合致
勘合（日本）
遣明船《けんみんせん》が持参

マメ知識

勘合貿易は四代将軍《しょうぐん》足利義持《あしかがよしもち》によって一時中断《ちゅうだん》されたが、六代将軍義教《よしのり》のときに再開された。遣明船《けんみんせん》の派遣《はけん》による勘合貿易は、はじめ、幕府が行って利益《りえき》を得ていたが、幕府が弱体化すると、大内氏《おおうちし》らの有力守護大名《しゅごだいみょう》や商人らが行うようになった。

重要用語

倭寇…鎌倉《かまくら》時代末から，九州北部や瀬戸内海《せとないかい》沿岸の人々などが，朝鮮半島や中国沿岸で貿易を強要したり，物資《ぶっし》をうばったりして，倭寇とよばれ，おそれられていた。

3 朝鮮《ちょうせん》、琉球《りゅうきゅう》との交易《こうえき》

そのころ
沖縄《おきなわ》では、
たがいに
争っていた
三つの王国が
尚巴志《しょうはし》によって
統一《とういつ》され、
十五世紀初め
琉球王国が
生まれた。
琉球王国は
日本本土の
影響《えいきょう》は受けずに、
沖縄独自《どくじ》の
文化を発展《はってん》
させるのじゃ。

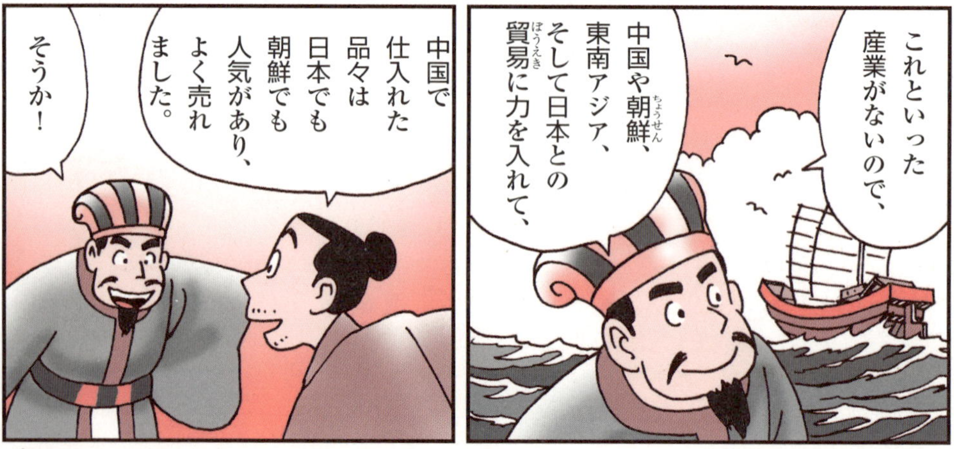
これといった
産業がないので、
中国や朝鮮《ちょうせん》、
東南アジア、
そして日本との
貿易《ぼうえき》に力を入れて、
中国で
仕入れた
品々は
日本でも
朝鮮でも
人気があり、
よく売れ
ました。
そうか！

参考 **沖縄《おきなわ》の統一《とういつ》**…沖縄は北山《ほくざん》・中山《ちゅうざん》・南山《なんざん》と３つに分かれて争っていたが，15世紀前半に中山の尚巴志が沖縄本島を統一して琉球《りゅうきゅう》王国をたて，首里《しゅり》を都とした。

他国で仕入れた品々を別の国に売って大もうけ…。
買って
売って
なるほど…。
いわば中継《なかつぎ》貿易ですな。

そういうことじゃ。
十七世紀のはじめに薩摩藩《さつまはん》（鹿児島県《かごしま》）に支配《しはい》されるまでは琉球王国は独自の繁栄《はんえい》と文化を保《たも》ち続けた。

マメ知識

琉球王国は、薩摩藩の支配下におかれたのちも独立《どくりつ》を保っていたが、一八七二年、明治政府《めいじせいふ》は琉球藩をおいて国王の尚泰《しょうたい》を藩王《はんしゅ》に任命した。さらに一八七九年には軍隊を送って廃藩置県《はいはんちけん》を強行し、沖縄県をおいた（琉球処分《りゅうきゅうしょぶん》）。これにより琉球王国は幕《まく》を閉《と》じた。

もっとくわしく

沖縄で栄えた王国

琉球王国

一四二九年に尚巴志が建国した琉球王国は、東アジアの中継貿易の拠点《きょてん》として栄えた。

琉球王国は中国に従《したが》っていたが、一六〇九年、江戸幕府《えどばくふ》の許可《きょか》を得た薩摩藩が軍隊を送って征服《せいふく》した。琉球王国は存続《そんぞく》をみとめられたものの、薩摩藩のきびしい支配下におかれた。薩摩藩は琉球を通した中国との貿易で大きな利益《りえき》を上げた。

参考

琉球の中継貿易…東南アジアからは香辛料《こうしんりょう》や象牙《ぞうげ》，日本からは銅《どう》や日本刀・扇《おうぎ》などの工芸品，中国からは絹織物《きぬおりもの》や陶磁器《とうじき》などを輸入《ゆにゅう》し，各地に転売した。

⑬ 産業と都市の発達

室町《むろまち》時代は、農村の自治《じち》が進んだ。農民の団《だん》結《けつ》が強まると、農民たちは要求を通すために、土一揆《どいっき》《つち》を起こした。そのようすを見ていこう。

1 交通の発達と商業、都市の発達

室町時代の中ごろになると、交通の便利な各地に港町・市場町《いちばまち》・門前町《もんぜんまち》などの都市ができた。

昔はほしい物があっても月に三度の市《いち》を待つしかなかったが、それが六度になりいつのまにか毎日行われるようになって店がたちならぶようになったよ。
こうしてできたのが市場町だ。

大きな寺のそばには門前町。
城《しろ》の近くには城下町《じょうかまち》。

交易船《こうえきせん》がつく港には港町。

参考 **貨幣《かへい》の流通**…貨幣は商業の発達でさかんに使われた。国内では10世紀半ば以降《いこう》貨幣を発行せず，中国から宋銭《そうせん》や明銭《みんせん》を大量に輸入《ゆにゅう》して使った。

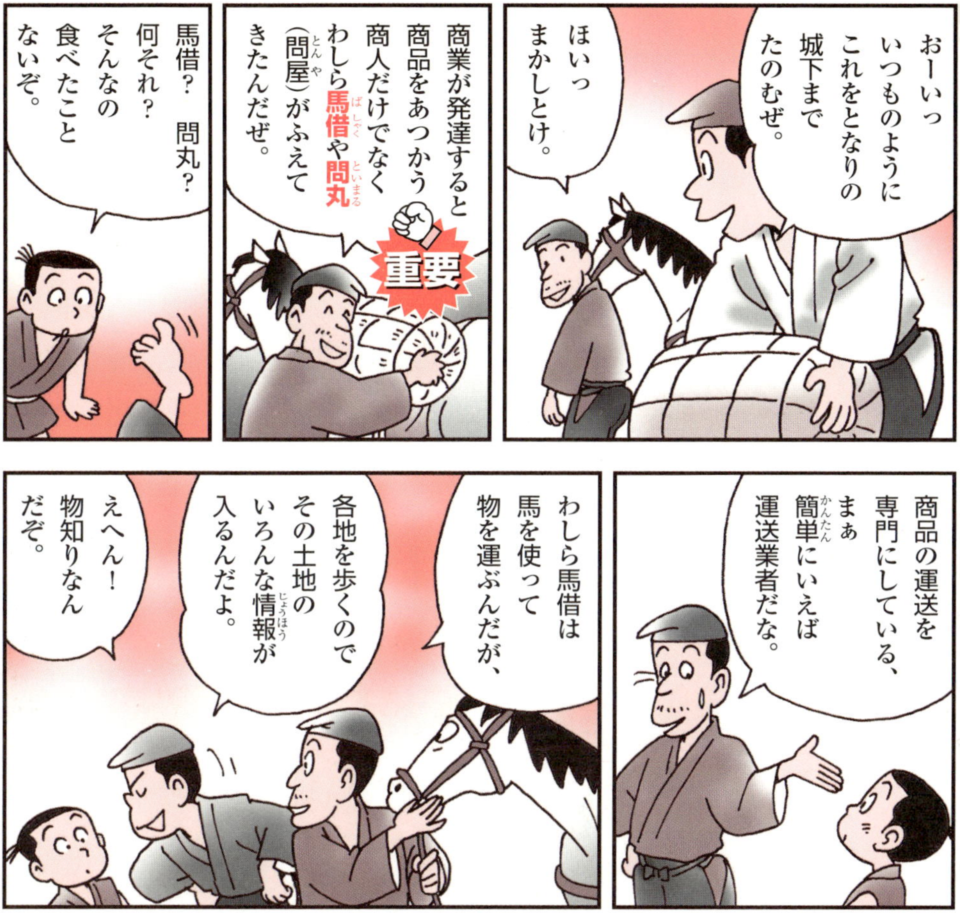
おーいっ いつものように これをとなりの 城下まで たのむぜ。
ほいっ まかしとけ。
商業が発達すると 商品をあつかう 商人だけでなく わしら馬借《ばしゃく》や問丸《といまる》（問屋《とんや》）がふえて きたんだぜ。
重要
馬借？ 問丸？ 何それ？ そんなの 食べたこと ないぞ。
商品の運送を 専門にしている、 まぁ 簡単《かんたん》にいえば 運送業者だな。
わしら馬借は 馬を使って 物を運ぶんだが、
各地を歩くので その土地の いろんな情報《じょうほう》が 入るんだよ。
えへん！ 物知りなんだぞ。

マメ知識

定期市が開かれた町では、四日市《よっかいち》（四のつく日に開かれた）、八日市《ようかいち》（八のつく日に開かれた）など、定期市のなごりである地名が現在《げんざい》でも残っているところが各地にある。

もっとくわしく

各地に生まれた さまざまな都市

室町時代には特色のあるさまざまな都市が各地にできた。

港町…港を中心に発展《はってん》した町。

城下町…大名《だいみょう》の領国支配《りょうごくしはい》が進み、城のまわりに家臣《かしん》や商工業者を集めた城下町がつくられた。

門前町…寺や神社のお参りに来た人々の宿泊施設《しゅくはくしせつ》などがそれらの門前につくられた。

寺内町《じないちょう》…寺院を中心に町がつくられ、ほかの宗派《しゅうは》や領主《りょうしゅ》の攻撃《こうげき》を防《ふせ》ぐために、町の周囲を堀《ほり》で囲んだ。

参考

座《ざ》の発展…鎌倉《かまくら》・室町時代には商人・手工業者の同業者組合の座が結成され，公家《くげ》や寺社の保護《ほご》を受けるかわりに税《ぜい》を納《おさ》め，製造《せいぞう》・販売《はんばい》の権利《けんり》を独占《どくせん》して発展した。

へぇー
旅ができて
面白そうな
仕事だね。
そうでも
ないよ。
京の
運送業者
最近はやたらに
関所《せきしょ》がふえて
通行税《つうこうぜい》を
取られるしな。
わしなんか
酒屋《さかや》から
宋銭《そうせん》百枚《まい》も
借金して
生活しているよ。
わしは
土倉《どそう》から
明銭《みんせん》五十枚も
借金だよ。
もうかるのは
高利貸《こうりが》しを
している
町衆《まちしゅう》《ちょうしゅう》の
酒屋と土倉
ばかりか…。
重要
まちしゅう?
それも
食べたこと
ないな。
わしらも
そうだが
もともとは
村で生活して
いたが…、
町に出てきて
商業や手工業で
生活するように
なった連中が
ふえてな…。
大工《だいく》さん
なんかも
そうか…。

マメ知識

朝廷《ちょうてい》や幕府《ばくふ》は、各地に関所を設《もう》けて通行税をとったので、馬借・車借《しゃしゃく》（荷車を用いる運送業者）などの運送業者の活動がさまたげられ、不満をもった馬借らは、しばしば土一揆《どいっき》を起こした。

重要用語

土倉…鎌倉《かまくら》〜室町時代の質屋《しちや》・高利貸し業者。質に入れた品物を保管《ほかん》する土蔵《どぞう》を設《もう》けたため，土倉とよばれ，京都や奈良に多く，室町時代にもっとも栄えた。

商品の流通や町の発展《はってん》といっしょに力をのばしてきたんだ。
とくに目立っているのが高利貸しの酒屋や土倉だよ。
酒

おーっとむだ話しちゃいらんねぇぞ。荷物を届《とど》けないと！
おいらもだー！

がんばってね！そうせんと借金返せないよ。
町衆や会合衆《えごうしゅう》は町の生活を守るために自衛組織《じえいそしき》を整えたり祭礼の中心を担《にな》ったりした。

マメ知識

財源《ざいげん》が豊かではなかった室町幕府は、高利貸しを営《いとな》む酒屋・土倉を保護《ほご》するとともに、多額《たがく》の税金《ぜいきん》を取った。そのため酒屋・土倉はさらに高い金利で金を貸しつけて庶民《しょみん》の反発をまねき、土一揆の攻撃《こうげき》目標とされることが多かった。

もっとくわしく

自治《じち》を行った

自治都市の誕生

室町《むろまち》時代には、商工業の発展にともない、商人らにより自治が行われる都市が生まれた。その代表は京都・堺《さかい》(大阪府《おおさかふ》)などで、それぞれ町衆・会合衆とよばれた裕福《ゆうふく》な商工業者が中心となって自治を行った。

京都の町衆は、応仁《おうにん》の乱《らん》であれはてた京都の町の復興《ふっこう》に大きな力を発揮《はっき》し、応仁の乱で中断《ちゅうだん》していた祇園祭《ぎおんまつり》を復活《ふっかつ》させた。

重要用語

酒屋…鎌倉《かまくら》〜室町時代の酒造《しゅぞう》業者・高利貸し。酒の販売《はんばい》のほかに土倉をかね，高利貸し業も行うことが多かった。15世紀には京都に約340軒《けん》あった。

2 農業の発達と土一揆《どいっき》

室町《むろまち》時代の農村はあいつぐ戦いであらされたが、
団結《だんけつ》して自分たちの村を守ろう！
農具を改良して生産性《せいさんせい》を上げよう。
鉄製《てつせい》農具や牛馬を使った耕作《こうさく》がさかんになり、生産性が上がったぞ。
わしらの村でも二毛作を取り入れよう。
重要
なんじゃそりゃ？
同じ田畑で一年に二回ちがう作物をつくることだよ。
米をつくったあとの土地を遊ばせておいてはもったいないだろう。
ほう…なるほど。

参考 **農業の発達**…水車などを利用したかんがい技術《ぎじゅつ》が進んだ。稲《いね》の品種がふえ，牛馬による農耕《のうこう》（牛馬耕）や，米の裏作《うらさく》に麦や大豆《だいず》などをつくる二毛作も行われた。

マメ知識

村人の団結《だんけつ》が強まると、領主《りょうしゅ》に対して結束して抵抗《ていこう》するようになった。はじめは強訴《ごうそ》（集団《しゅうだん》で強硬《きょうこう》にうったえる）や、逃散《ちょうさん》（要求がみとめられるまで耕作《こうさく》せずに逃亡《とうぼう》する）の形をとったが、やがて武力《ぶりょく》をもって反抗《はんこう》し、土一揆《どいっき》へと発展《はってん》していった。

これがほんとうの二モウーさく…ってか。
各地で二毛作が広まり、米や野菜のほかに綿《わた》や麻《あさ》など手工業の原料もつくられ、各地に**特産物**ができるようになった。
モ〜
モ〜
また村では、**惣**とよばれる自治組織が作られ、村の代表者が神社や寺などで**寄合**《よりあい》を開いて重要なことを決めた。
この村の団結を強めるため**おきて**をつくったぞ。
重要
…以上をきちんと守るように。
このような村を**惣村**《そうそん》という。

もっとくわしく 各地の特産物と手工業の発達

室町時代には、桑《くわ》・藍《あい》・茶・楮《こうぞ》（紙の原料）など、商品として売ることを目的とした商品作物の生産がさかんになり、特産物となった。また、それらを原料に手工業がおこり、各地に織《おり》物《もの》・紙すきなどの手工業を専門とする職人《しょくにん》が現《あらわ》れた。

代表的なものに、京都西陣《にしじん》の絹織物業《きぬおりものぎょう》、美濃《みの》（岐阜県《ぎふけん》）・越前《えちぜん》（福井県《ふくいけん》）の製紙業《せいしぎょう》、京都伏見《ふしみ》の酒づくりなどがある。

重要用語

惣（惣村）…有力な農民を中心とした村の自治的《じちてき》な組織《そしき》を惣，惣を中心とする村を惣村という。惣では寄合を開いて山野の利用や用水の配分などの村のおきてを決めた。

一四二八年
前の年から続いた悪天候で作物のできが悪くて食う物もないというのに年貢《ねんぐ》の取り立てだ。
生活のためにした借金を高利貸《こうりが》しが返せと鬼《おに》のようなさいそくだし、
となりの村じゃ餓死《がし》する者まで出ている…。
このままでは死ぬのを待つばかり。
こうなれば一揆《いっき》しかない…。
うむ…。
一揆だ！徳政令《とくせいれい》を出させて借金を帳消《ちょうけ》しにさせよう！
そうだ！いっきにやっちまおう！
あ…ごめん。
こんなときに…。
わたしはあちこちの村に力を合わせるように声をかけてまわります。
おれは馬借《ばしゃく》仲間に声をかけるよ。

マメ知識

正長の土一揆について、ある僧《そう》は日記に「国がほろぶはじめとして、これ以上の事件《じけん》はない。日本の国が始まって以来、土民(土着の民)が立ち上がったというのは、これがはじめてのことである」とそのおどろきを記した。

重要用語

正長の土一揆…1428年に起こった大規模な土一揆。近江《おうみ》(滋賀《しが》県)の馬借の一揆をきっかけに近畿地方一帯に広がり，酒屋《さかや》，土倉《どそう》，寺院などをおそった。

徳政令を出せー！
年貢を軽くしろ！
こうして日本最初の土一揆《どいっき》「正長《しょうちょう》の土一揆」が起こった。
重要
やがて土一揆は近畿《きんき》地方各地に広がった。
やったー！徳政令が出たぞ！
勝ったぞ！
これをきっかけに徳政令を求める徳政一揆《とくせいいっき》がたびたび起こるようになった。

マメ知識

奈良《なら》市柳生《やぎゅう》町にある地蔵《じぞう》像には「正長元年より以前については、神戸《かんべ》四か郷《ごう》の借金は帳消しとする」という碑文《ひぶん》が刻《きざ》まれている。これは農民たちが、自分たちで徳政（借金を帳消しにすること）を宣言したときに刻まれたものといわれている。

もっとくわしく

土一揆

農民の反乱《はんらん》

土一揆とは土民《どみん》（土着の民）一揆のこと。村の団結《だんけつ》が強まっていくと、農民や馬借などの運送業者が領主《りょうしゅ》に、年貢の軽減《けいげん》や借金の帳消し、関所《せきしょ》の廃止《はいし》などの要求をつきつけるようになった。そしてその要求がみとめられない場合に一揆を起こすようになった。

一四二八年に起こった正長の土一揆は、最初の大規模《だいきぼ》な土一揆である。

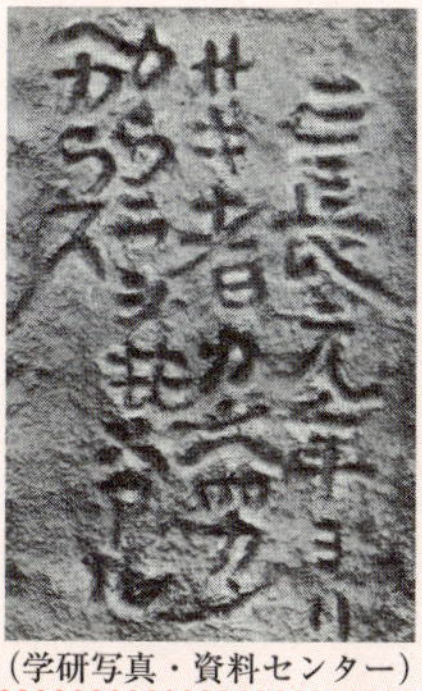
←正長の土一揆を伝える碑文《ひぶん》
（学研写真・資料センター）

参考 **徳政一揆**…室町《むろまち》時代の土一揆のうちでも，とくに徳政令を出すことを要求した一揆。酒屋や土倉などをおそい，借金の証文《しょうもん》を破《やぶ》り捨《す》てることもあった。

14 応《おう》仁《にん》の乱《らん》と戦《せん》国《ごく》時代

八代将軍《しょうぐん》足利義政《あしかがよしまさ》のあとつぎ争いや、守護大《しゅごだい》名《みょう》の対立がからんで応仁の乱が起こり、戦国の世となった。そのようすを見ていこう。

1 応仁の乱から戦国時代へ

わしには息子《むすこ》がいないのであとつぎを弟のおまえにいずれ…と思っている。
八代将軍
足利義政
義尋《ぎじん》（義視《よしみ》）
わかりました。

しかし義政の妻《つま》日野富子《ひのとみこ》に男の子が生まれると、
あなたわが子の義尚《よしひさ》をあとつぎに…。
しかし弟にと約束したしなぁ…。

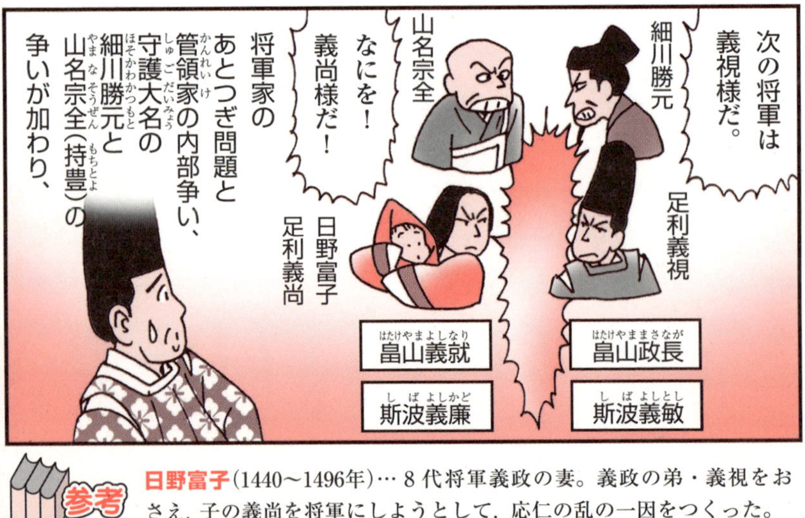
次の将軍は義視様だ。
細川勝元
なにを！義尚様だ！
山名宗全
足利義視
日野富子
足利義尚
将軍家のあとつぎ問題と管領家《かんれいけ》の内部争い、守護大名《しゅごだいみょう》の細川勝元《ほそかわかつもと》と山名宗全《やまなそうぜん》（持豊《もちとよ》）の争いが加わり、
畠山政長《はたけやままさなが》
畠山義就《はたけやまよしなり》
斯波義敏《しばよしとし》
斯波義廉《しばよしかど》

参考 **日野富子**（1440～1496年）… ８代将軍義政の妻。義政の弟・義視をおさえ，子の義尚を将軍にしようとして，応仁の乱の一因をつくった。

一四六七年、京都を舞台《ぶたい》に「応仁《おうにん》の乱《らん》」が始まった。
入試に出る!
おい東軍（細川方）は分《ぶ》が悪そうだ。西軍（山名方）についたほうがいいかも…。
足軽《あしがる》
そんなことあるもんか！
どっちでもいいじゃないか。ヤバくなったら有利なほうに寝返《ねがえ》ればいいのさ。

マメ知識

応仁の乱では足軽とよばれる軽装《けいそう》の武装集団《ぶそうしゅうだん》が活やくした。彼《かれ》らは状況《じょうきょう》しだいでどちらの側にもつき、不利となればにげて放火や略奪《りゃくだつ》を行い、昼強盗《ひるごうとう》などとよばれた。また、応仁の乱のころから戦法が一騎打《いっきう》ちによる個人戦《こじんせん》から、足軽による集団戦法に変わっていった。

もっとくわしく

政治をかえりみなかった

足利義政（一四三六～一四九〇年）

足利義政は、十四才で八代将軍となったが、実権《じっけん》は側近らににぎられ、また、ききんや土一揆《どいっき》の発生をおさえることができず、在職中《ざいしょくちゅう》十三回も徳政令《とくせいれい》を出した。さらに、あとつぎ争いなどから応仁の乱が起こり、将軍の権威《けんい》は地に落ちた。

義政は政治《せいじ》への意欲《いよく》を失い、社会の混乱《こんらん》をよそに、芸術《げいじゅつ》に情熱《じょうねつ》を注いで、保護《ほご》したことから東山《ひがしやま》文化が栄えた。

←足利義政が建てた銀閣

参考 **細川勝元と山名宗全**…両者は幕府《ばくふ》の実権をめぐって争っていたが，将軍家のあとつぎ争いでも，義視には勝元，義尚には宗全がついて支援《しえん》し，対立ははげしくなった。

マメ知識

応仁の乱後も守護大名の畠山氏《はたけやまし》一族の内部では対立が続き、一四八五年には、山城《やましろ》（京都府）南部で戦った。戦いに苦しんだ国人《こくじん》（地侍《じざむらい》）や農民らは軍の撤退《てったい》を求め、畠山氏は受け入れて国外にしりぞき、山城では八年間にわたって自治が行われた。これを山城国一揆という。

そりゃそうだ。
しかし長い戦いで疲《つか》れたよ。
なにせ十一年も戦ってるもんな。
応仁《おうにん》の乱《らん》は一四七七年に終わったが、京都の町は焼け野原となり、室町幕府《むろまちばくふ》は権威《けんい》を失った。やがて戦火は各地へと広がり、約百年にわたる戦国時代《せんごくじだい》となった。
入試に出る!

各地で戦乱《せんらん》が続くと守護大名《しゅごだいみょう》の家臣《かしん》や地侍《じざむらい》が反乱《はんらん》を起こし、実力で主君をたおす下剋上《げこくじょう》の風潮《ふうちょう》が広まった。
重要
家臣
主君
守護大名にかわって実力で領主《りょうしゅ》になった武将《ぶしょう》を戦国大名《せんごくだいみょう》というんだぞ。
重要

山城《やましろ》（京都府）では武士《ぶし》と農民が手を結び、
守護大名を追いはらえ!
山城国一揆《やましろのくにいっき》を起こした。

重要用語

下剋上…南北朝《なんぼくちょう》～戦国時代，実力のある者が上の身分の者をたおして実権《じっけん》をうばった。美濃《みの》（岐阜《ぎふ》県）を支配《しはい》した斎藤道三《さいとうどうさん》は，油売り商人から戦国大名になった。

マメ知識

応仁の乱で京都はあれはて、公家《くげ》や僧《そう》は地方の大名をたよって移《うつ》り住《す》んだ。このため地方に京都の文化が伝わり、大内氏《おおうちし》の城下町《じょうかまち》山口（山口県）など小京都《しょうきょうと》といわれる都市が生まれた。

北陸では浄土真宗《じょうどしんしゅう》（一向宗《いっこうしゅう》）で結びついた武士と農民が、
守護をたおせ！
なむあみだぶつ…。
一向一揆《いっこういっき》を起こした。
重要

戦国大名には守護大名の家から出た者もいるが、家臣や浪人《ろうにん》、商人などから戦国大名に成長した者が多いんだ。
朝倉《あさくら》
上杉《うえすぎ》
武田《たけだ》
北条《ほうじょう》
毛利《もうり》
斎藤《さいとう》
織田《おだ》
今川《いまがわ》
島津《しまづ》

もっとくわしく

浄土真宗信徒の一揆　一向一揆

一向一揆は浄土真宗の信徒が起こした一揆で、室町《むろまち》時代には浄土真宗を一向宗とよぶことが多かったため、こうよばれる。一向一揆は、守護や旧仏教勢力《きゅうぶっきょうせいりょく》からの弾圧《だんあつ》に武力《ぶりょく》で対抗《たいこう》するために行われた。

一四八八年に加賀《かが》（石川県）で起こった一向一揆は、守護の富《と》樫《がし》氏をたおして百年近くも一揆《いっき》勢《ぜい》が国を治め、「百姓《ひゃくしょう》の持ちたる国」とよばれた。

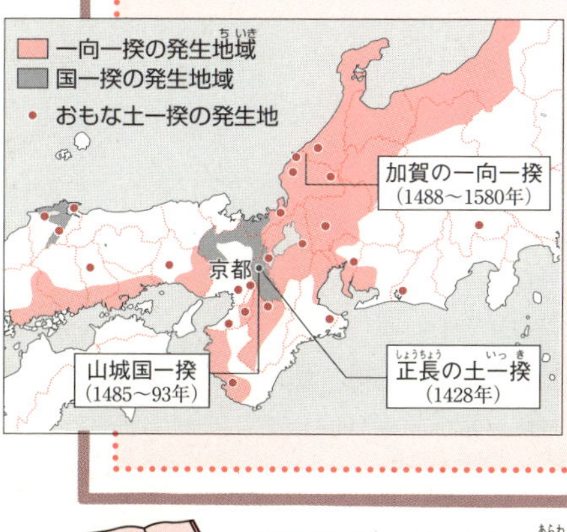
一向一揆の発生地域《ちいき》
国一揆の発生地域
おもな土一揆の発生地
加賀の一向一揆
(1488〜1580年)
京都
山城国一揆
(1485〜93年)
正長《しょうちょう》の土一揆《いっき》
(1428年)

重要用語

戦国大名…戦国時代に現《あらわ》れた大名。下剋上によって主君をたおし，一国（領国《りょうごく》）を支配した。さらに領地《りょうち》を広げようと各地で争った。

相模《さがみ》(神奈川県《かながわけん》)では、
わしは浪人《ろうにん》の身だったが今川氏《いまがわし》のもとに身をよせて、
今川
北条早雲《ほうじょうそううん》
伊豆《いず》をおさえたあと小田原城《おだわらじょう》を攻《せ》め、
相模の三浦《みうら》を攻め落とし関東地方を支配《しはい》したぞ。
三浦
甲斐《かい》(山梨県《やまなしけん》)では、
武田信玄《たけだしんげん》
わしは父を追放して強力な家臣団《かしんだん》をつくり、
重要
分国法《ぶんこくほう》
つまり家法じゃが「甲州法度之次第《こうしゅうはっとのしだい》」をつくって家臣《かしん》の統制《とうせい》をきっちりと決めて国を治めたぞ。
もちろん領地《りょうち》をふやすことにも力を入れたぞ。
次のねらいは信濃《しなの》だが、
信濃の北、越後《えちご》(新潟県《にいがたけん》)では、
上杉謙信《うえすぎけんしん》
わしは長尾景虎《ながおかげとら》と名のっていたが国内の豪族《ごうぞく》を従《したが》えて越後を統一し、

マメ知識

北条早雲(一四三二～一五一九年)は戦国時代の武将で出身は不明。一武将《ぶしょう》から身をおこして下剋上《げこくじょう》の末に戦国大名となった早雲は、小田原城(神奈川県)を本拠《ほんきょ》にすぐれた領国経営《りょうこくけいえい》を行い、発展《はってん》の基礎《きそ》を築《きず》いた。

重要用語

武田信玄(1521～1573年)…甲斐(山梨県)の戦国武将《ぶしょう》。名将《めいしょう》として知られ，信濃(長野県)や駿河《するが》(静岡《しずおか》県)に進出した。信玄堤《しんげんづつみ》を築くなど，領内《りょうない》でもすぐれた政治《せいじ》を行った。

その後越後へのがれてきた関東管領《かんとうかんれい》上杉氏から姓《せい》をゆずられて上杉謙信と名のったぞ。
上杉
武田信玄に北信濃を侵略《しんりゃく》されては越後もあぶない。
むかえ撃《う》つぞ！
武田信玄と上杉謙信の川中島《かわなかじま》の戦いは五回にもおよんだが、勝負はつかなかった。
このような戦国大名《せんごくだいみょう》の戦いが全国各地でくり広げられた。

マメ知識

有力な戦国大名にはほかに、東北地方の伊達《だて》氏、中部地方の今川氏・織田《おだ》氏・朝倉氏・斎藤《さいとう》氏、近畿《きんき》地方の浅井《あざい》氏、中国地方の毛利《もうり》氏・尼《あま》子《こ》氏、四国地方の長宗我部《ちょうそかべ》氏、九州地方の大友《おおとも》氏・島津《しまづ》氏などがいる。

もっとくわしく

戦国大名の法律《ほうりつ》

分国法

各地の戦国大名は、領国《りょうごく》（分《ぶん》国《こく》ともいう）を治めるためにそれぞれ独自《どくじ》の法律をつくった。これを分国法という。

おもな内容《ないよう》は、家臣の統率《とうそつ》や裁判《さいばん》、農民の生活に関する決まりなどで、代表的なものに今川《いまがわ》氏《し》の『今川仮名目録《いまがわかなもくろく》』、朝倉《あさくら》氏《し》の『朝倉敏景十七箇条《あさくらとしかげじゅうしちかじょう》』、武田氏の『甲州法度之次第（信玄家《しんげんか》法《ほう》）』などがある。

分国法の例

一，けんかをしたときは，理非《りひ》を問わず両方罰すること。
（伊達《だて》氏－塵芥集《じんかいしゅう》）

一，許しを得ないで他国に手紙を出してはならない。
（武田《たけだ》氏－甲州法度之次第《こうしゅうはっとのしだい》）

一，本拠《ほんきょ》である朝倉館《あさくらやかた》のほか，国内に城《しろ》をかまえてはならない。
（朝倉氏－朝倉孝景条々《たかかげじょうじょう》）

重要用語

上杉謙信（1530〜1578年）…越後（新潟県）の戦国武将。武田信玄らと戦い，越中《えっちゅう》（富《と》山《やま》県），加賀《かが》・能登《のと》（石川県）にも勢力《せいりょく》をのばしたが，遠征《えんせい》の準備中《じゅんびちゅう》に病死した。

2 足利義政《あしかがよしまさ》と銀閣《ぎんかく》

京都で応仁《おうにん》の乱《らん》の戦いが続いているころ、
富子《とみこ》お前は金の計算ばかりだな。
世の中すべてお金よ。
そういうあなたは将軍《しょうぐん》のくせにろくに政治《せいじ》をとりもせず遊んでばかりじゃないの。
ふんっもう政治などどうでもいい。
息子《むすこ》の義尚《よしひさ》に将軍をゆずり、わしは隠居《いんきょ》だ。
そうすれば。

東山《ひがしやま》に別荘《べっそう》をつくろう。
戦《いくさ》が終わったら今度は山荘づくりか…。
いい迷惑《めいわく》だ。

重要用語 **銀閣**…義政の死後に寺(慈照寺《じしょうじ》)となった。銀閣の名は金閣《きんかく》に対比《たいひ》したよび名で，銀ぱくをはる計画があったという説もあるが，確《たし》かではない。

一四八九年、足利義政《あしかがよしまさ》は東山山荘の中に観音殿《かんのんでん》（銀閣《ぎんかく》）を建てた。
入試に出る！
武家《ぶけ》と公家《くげ》の文化がまじり合った東山文化の誕生《たんじょう》だ。
一階は日本建築の原点となった書院造《しょいんづくり》、二階は禅宗《ぜんしゅう》の仏殿《ぶつでん》じゃ。
禅宗の仏殿
書院造
東山山荘を中心に能楽《のうがく》・狂言《きょうげん》・茶の湯・生《い》け花《ばな》・水墨画《すいぼくが》などの文化が地方へも広まっていった。
重要

マメ知識

東山文化では、禅宗《ぜんしゅう》の寺院を中心に庭園が発達した。その代表的なものが、水を使わず砂《すな》と石を用いて自然を表現《ひょうげん》した枯山水《かれさんすい》で、京都の竜《りょう》安寺《あんじ》の石庭や、大徳寺大仙院《だいとくじだいせんいん》の庭園が有名である。

もっとくわしく

雪舟《せっしゅう》（一四二〇～一五〇六年）

幼《おさな》いころから絵がうまかった

足利義政の東山文化のころに活やくし、水墨画を大成させた雪舟にはこんな話が残っている。

小さいころに寺に入れられたが、絵ばかりかいている雪舟に和尚《おしょう》はおこり、本堂の柱にしばりつけた。悲しくなりしくしく泣いたのち、雪舟は足の指を使い、自分のなみだでねずみをかいた。ねずみは生きているように見え、感心した和尚は雪舟が絵をかくことをゆるしたという。

重要用語

書院造…室町《むろまち》時代におこった住宅《じゅうたく》の様式で，現在《げんざい》の和風建築《けんちく》のもと。ふすまや障子《しょうじ》で部屋を仕切り，たたみをしいて床《とこ》の間《ま》を設《もう》けた。

要点整理と重要事項のまとめ④

① 建武《けんむ》の新政《しんせい》と室町幕府《むろまちばくふ》（室町時代）

①建武の新政と南北朝《なんぼくちょう》の争い

● **建武の新政**…**後醍醐天皇《ごだいごてんのう》**は**公《く》家《げ》中心**の政治《せいじ》を行うが，武士《ぶし》の間で不満が高まる。

● **南北朝の対立**…**足利尊氏《あしかがたかうじ》**が新しい天皇をたて（**北朝《ほくちょう》**），後醍醐天皇は**吉野《よしの》**に（**南朝《なんちょう》**）。

②室町幕府の誕生《たんじょう》と幕府の政治

● **幕府の成立**…足利尊氏が征夷《せいい》大将軍《たいしょうぐん》に任じられ，京都で幕府を開く。

● **幕府のしくみ**…将軍を助ける**管領《かんれい》**がおかれる。守護《しゅご》が成長して**守護大名《しゅごだいみょう》**に。

② 東アジアの動きと産業の発達（室町時代）

①足利義満《あしかがよしみつ》と東アジアの動き

● **足利義満**…**南北朝を1つ**にまとめる。室町幕府の全盛期《ぜんせいき》。

● **勘合貿易《かんごうぼうえき》**…**倭寇《わこう》**を取りしまり，**明《みん》**と貿易を行う。

● **東アジアの変化**…14世紀末，**朝鮮国《ちょうせんこく》**成立。**ハングル**の発明。15世紀初め，沖縄《おきなわ》で**琉球《りゅうきゅう》王国**がおこり，**中継《なかつぎ》貿易**で栄える。

②産業と都市の発達

● **商業・交通**…運送業の**馬借《ばしゃく》**，**問丸《といまる》**，高利貸《こうりが》しの**土倉《どそう》**，**酒屋《さかや》**が発達。**座《ざ》**。**定期市《ていきいち》**の増加《ぞうか》。

● **都市**…**城下町《じょうかまち》**，**港町**などが形成される。**町衆《まちしゅう(ちょうしゅう)》**を中心に自治《じち》。

● **農業**…**二毛作《にもうさく》**，**牛馬耕《ぎゅうばこう》**の普及《ふきゅう》。

● **農村**…**惣《そう》**（**惣村《そうそん》**）では寄合《よりあい》で話し合い。**土一揆《どいっき》**の増加。

③ 応仁《おうにん》の乱《らん》と戦国《せんごく》時代（室町時代／戦国時代）

①応仁の乱から戦国時代へ

● **応仁の乱**…有力な守護大名《しゅごだいみょう》が対立し，1467年に起こる。

● **戦国時代**…約100年間戦乱《せんらん》が続く。**下剋上《げこくじょう》**の風潮《ふうちょう》。**戦国大名**は**分国法《ぶんこくほう》**を制定《せいてい》。**城下町《じょうかまち》**。

②室町時代の文化

● **足利義満**の**金閣《きんかく》**，**足利義政《あしかがよしまさ》**の**銀閣《ぎんかく》**，**書院造《しょいんづくり》**，観阿弥《かんあみ》・世阿弥《ぜあみ》の**能楽《のうがく》**（**能《のう》**），**雪舟《せっしゅう》**の**水墨画《すいぼくが》**。

重要事項の一問一答④

1 建武の新政と室町幕府（室町時代）

（答え記入欄）

①後醍醐天皇が行った公家を重視《じゅうし》する政治を何といいますか。……

②後醍醐天皇に協力して鎌倉《かまくら》幕府をたおし，のちに室町幕府を開いた人物はだれですか。……

③室町幕府におかれた，将軍を助ける役職《やくしょく》を何といいますか。……

2 東アジアの動きと産業の発達（室町時代）

①南北朝を1つにまとめた室町幕府の将軍はだれですか。……

②①の人物が中国の明との間で始めた貿易を何といいますか。……

③室町時代に発達した，馬を使って物資《ぶっし》を運ぶ陸上の運送業者を何といいますか。……

④各地の農村でおこった自治的《じちてき》な農民のまとまりを何といいますか。……

⑤農民が，年貢《ねんぐ》の引き下げや借金の帳消《ちょうけ》しなどを求めて抵抗《ていこう》したことを何といいますか。……

3 応仁の乱と戦国時代（室町時代／戦国時代）

①将軍のあとつぎ争いなどから，1467年に起こった戦いを何といいますか。……

②戦国時代に高まった，身分が下の者が上の者を実力で打《う》ち破《やぶ》る風潮を何といいますか。……

③戦国大名が領国《りょうごく》を治めるために定めた，独自《どくじ》の法律《ほうりつ》を何といいますか。……

④室町時代におこった，床《とこ》の間《ま》やちがい棚《だな》，ふすまを取り入れた建築様式《けんちくようしき》を何といいますか。……

答え　1 ①建武の新政　②足利尊氏　③管領　2 ①足利義満　②勘合（日明）貿易　③馬借　④惣（惣村）⑤（土）一揆　3 ①応仁の乱　②下剋上　③分国法（家法）④書院造

15 鉄砲《てっぽう》とキリスト教の伝来

ヨーロッパの国々が次々とアジア各地に進出するようになり、日本に鉄砲やキリスト教が伝えられた。そのようすを見ていこう。

1 鉄砲の伝来と広がり

一五四三年、種子島《たねがしま》（鹿児島県《かごしまけん》）にポルトガル人を乗せた中国船が流れ着いた。
重要
ホエ〜南蛮人《なんばんじん》だ〜！
ドーモドーモ！
入試に出る！
鉄砲をお見せしまーす！
鉄砲？なんだそりゃ。
ズダーーン
わあ！

参考 **種子島時尭《たねがしまときたか》**（1528〜1579年）…種子島の島主。島に漂着《ひょうちゃく》したポルトガル人から鉄砲を購入《こうにゅう》し，家臣《かしん》に火薬の調合法や鉄砲の製造法《せいぞうほう》を学ばせた。

マメ知識

日本に伝来した鉄砲は火のついた縄《なわ》で点火させる火縄銃《ひなわじゅう》で、伝来した土地から「種子島」とよばれた。筒《つつ》の先から火薬と弾《たま》を入れ、細長い鉄の棒《ぼう》で銃身《じゅうしん》の奥《おく》までつめ、火縄で火薬に点火して発射《はっしゃ》した。

な
南蛮の魔法《まほう》じゃ〜！
くわばらくわばら…。
すごい破壊力《はかいりょく》じゃな！
よし！買うぞ！二丁《ちょう》くれ！
種子島時尭《たねがしまときたか》
まいどありー！
火薬のつくり方などを学ぶのじゃ。
は！

もっとくわしく

ヨーロッパ人の海外進出

ヨーロッパでは、香辛料《こうしんりょう》などのアジアの産物は、イスラムやイタリアの商人を経《へ》て輸入《ゆにゅう》され、高値《たかね》で取り引きされていた。

ポルトガルやスペインは、それらを直接《ちょくせつ》手に入れるため、新しい航路《こうろ》を開拓《かいたく》し、ポルトガルはインドへ、スペインはアメリカ大陸へ到達《とうたつ》した。また、このころキリスト教が海外布教《ふきょう》に力を入れたため、多くの宣教師《せんきょうし》が商人とともに海外へ進出した。

参考　**ポルトガル人**…彼《かれ》らを乗せた中国船はシャム（タイ）から中国に向かう途中《とちゅう》で遭難《そうなん》し，種子島に漂着した。彼らがはじめて日本にやって来たヨーロッパ人だ。

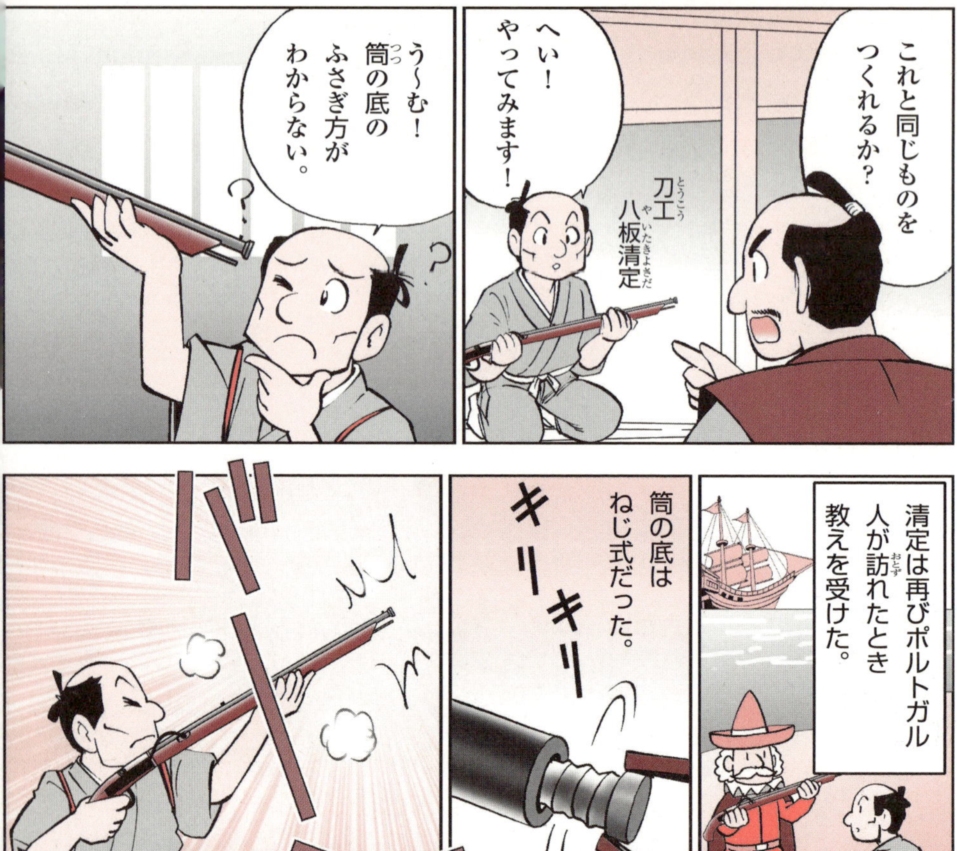
これと同じものを
つくれるか？
へい！
やってみます！
刀工《とうこう》
八板清定《やいたきよさだ》
う〜む！
筒《つつ》の底の
ふさぎ方が
わからない。
？
？
清定は再びポルトガル人が訪《おとず》れたとき教えを受けた。
筒の底は
ねじ式だった。
キリキリ
バーン
できた！
よし！
さっそく
大量生産
してくれ！
ひぃ〜〜
一丁《ちょう》でも
大変
なのに〜。

マメ知識

鉄砲の底はねじでふさがれていたが、日本にはねじをつくる技術《ぎじゅつ》がなかったため、鉄砲づくりに取り組んだ八板清定は筒の底のふさぎ方がわからず、苦心した。鉄砲づくりを通してねじの原理が日本に伝わった。

参考

鉄砲の活用…鉄砲を本格的に活用した織田信長《おだのぶなが》は鉄砲生産地の堺を直接支配《ちょくせつしはい》した。武田軍《たけだぐん》に勝利した長篠《ながしの》の戦いでは3000丁の鉄砲を用いたといわれる。

これからは鉄砲《てっぽう》が武器《ぶき》の中心として使われるようになるぞ！
鉄砲はどんどん広まり、種子島《たねがしま》から堺《さかい》（大阪府《おおさかふ》）、根来《ねごろ》（和歌山県）、国友《くにとも》（滋賀《しが》県）でもつくられるようになった。
さあ！一騎《いっき》打ちだ！かかってこい！
バーン
ひえー
ドーン
ひえー鉄砲こわ～い！
ピュー

もっとくわしく

鉄砲の広がりと戦術《せんじゅつ》の変化

一四六七年の応仁《おうにん》の乱《らん》のころから、歩兵の足軽《あしがる》による集団《しゅうだん》戦法が用いられていた。戦場で鉄砲が使われるようになると、大《だい》規模《きぼ》な集団戦が本格的《ほんかくてき》に行われるようになり、訓練《くんれん》された足軽が鉄砲隊や弓隊、やり隊に編成《へんせい》され、戦いの主力となった。

また、戦い方の変化にともない、よろいも集団戦法に適《てき》した軽くて動きやすく、簡素《かんそ》なつくりのものに変わった。

マメ知識

ポルトガルやスペインの船が九州の長崎《ながさき》や平戸《ひらど》に来航《らいこう》し、諸大名《しょだいみょう》と貿易《ぼうえき》を行った。これを南蛮貿易《なんばんぼうえき》という。南蛮貿易で日本は鉄砲や火薬、中国産の生糸《きいと》や絹織物《きぬおりもの》を輸入《ゆにゅう》し、銀や刀剣《とうけん》・漆器《しっき》などを輸出《ゆしゅつ》した。カステラやワインなどはこのときに伝わった。

参考

城《しろ》づくりの変化…城のつくりは鉄砲に対応《たいおう》したものに変わり，鉄砲の弾《たま》がとどかないよう堀《ほり》を広くして石垣《いしがき》を高くし，やぐらや塀《へい》の壁《かべ》は分厚《ぶあつ》くなった。

2 キリスト教の伝来と広がり

一五四九年
薩摩《さつま》（鹿児島《かごしま》県）
わたしはフランシスコ＝ザビエル。キリスト教の布教《ふきょう》に来ました。
入試に出る！
キリスト教？
南蛮《なんばん》のお坊《ぼう》さんかね？
日本人は貧《まず》しくても心がきれいだ…。
そうですそうです。

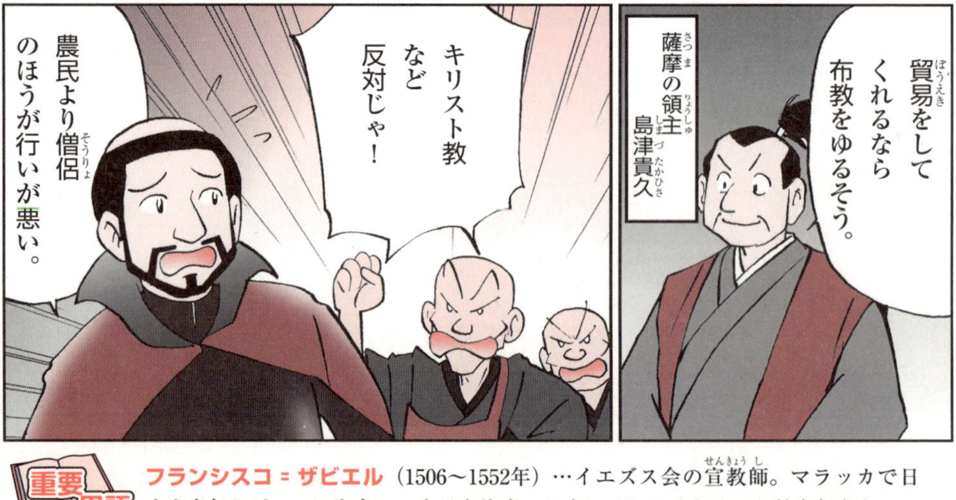
薩摩《さつま》の領主《りょうしゅ》島津貴久《しまづたかひさ》
貿易《ぼうえき》をしてくれるなら布教をゆるそう。
キリスト教など反対じゃ！
農民より僧侶《そうりょ》のほうが行いが悪い。

重要用語 **フランシスコ＝ザビエル**（1506〜1552年）…イエズス会の宣教師《せんきょうし》。マラッカで日本人青年ヤジローに出会い，来日を決意。日本にはじめてキリスト教を伝えた。

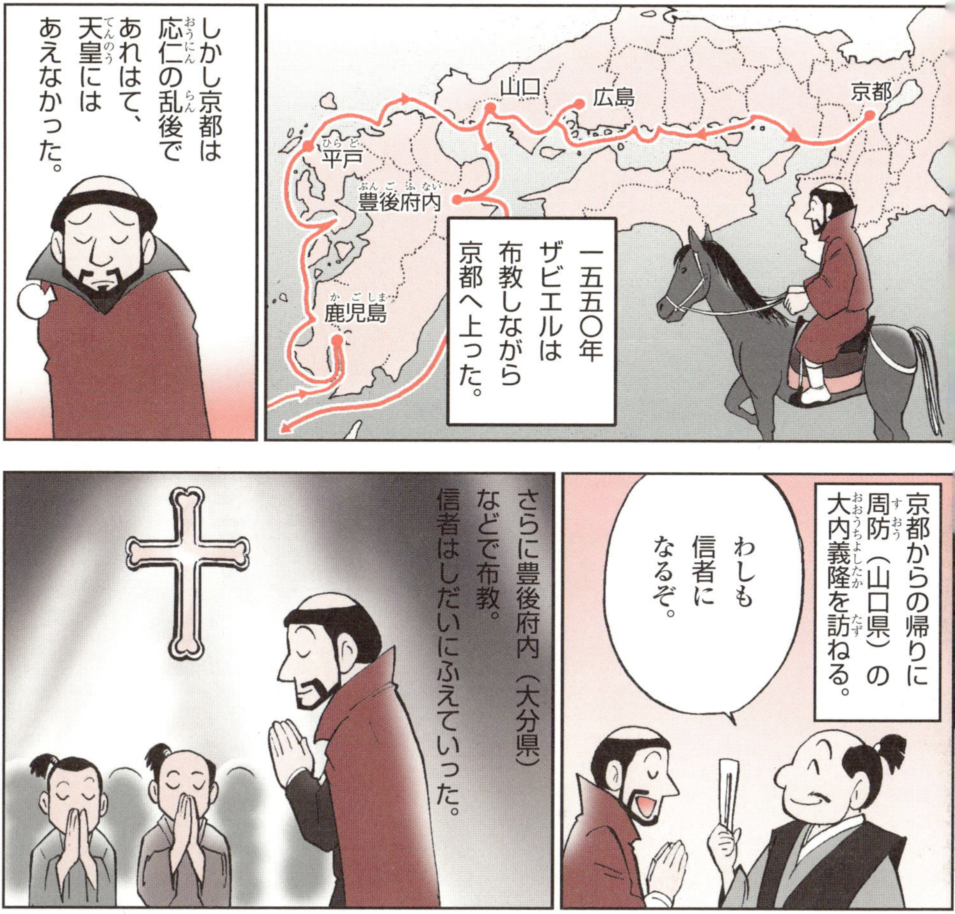
一五五〇年
ザビエルは
布教しながら
京都へ上った。
京都
広島
山口
平戸《ひらど》
豊後府内《ぶんごふない》
鹿児島《かごしま》
しかし京都は
応仁《おうにん》の乱《らん》後で
あれはて、
天皇《てんのう》には
あえなかった。
京都からの帰りに
周防《すおう》(山口県)の
大内義隆《おおうちよしたか》を訪《たず》ねる。
わしも信者になるぞ。
さらに豊後府内(大分県)
などで布教。
信者はしだいにふえていった。

マメ知識

ザビエルは、天皇から布教を許可《きょか》してもらおうと京都に上ったが、都のあれはてたようすを見て天皇に力がないことを知り、会うことを断《だん》念《ねん》。そして、山口の領主《りょうしゅ》大内義隆を訪ねて保護を受け、山口に日本で最初の教会をつくった。

もっとくわしく

宗教改革《しゅうきょうかいかく》とイエズス会の設立《せつりつ》

一五一七年、ヨーロッパではドイツ人ルターが教会の免罪符《めんざいふ》(罪《つみ》をゆるす札《ふだ》)販売《はんばい》に抗議《こうぎ》したことから宗教改革が始まり、プロテスタントとよばれる宗派《しゅうは》が生まれ、キリスト教会はカトリック(旧教《きゅうきょう》)とプロテスタント(新教)に分裂《ぶんれつ》した。

ザビエルらは、カトリック教会内部にイエズス会を設立し、カトリックの勢力回復《せいりょくかいふく》のため海外布教に力を入れた。

参考

島津貴久(1514〜1571年)…薩摩・大隅《おおすみ》(鹿児島県)を統一《とういつ》,島津氏の基礎《きそ》を築《きず》いた。

大内義隆(1507〜1551年)…周防(山口県)など7か国の領主《りょうしゅ》。学問・芸術《げいじゅつ》を保護《ほご》した。

一五五一年ザビエルは日本をはなれた。
さよーならー。
ザビエルが残した宣教師《せんきょうし》たちは布教《ふきょう》を続けた。
神は貧《まず》しい人ほどお救いなされるのです。
宣教師たちは人々のために病院を建てたり物や金をあたえたりした。
ありがたやー。
安土《あづち》（滋賀《しが》県）や有馬《ありま》（長崎《ながさき》県）にセミナリオとよばれる神学校を建てた。
こうして一五八七年には教会堂は二百、信者数は二十万にもなり、キリスト教は西日本を中心に大きく広まっていった。

マメ知識

ザビエルは、日本での布教のためには、まず日本文化の源流《げんりゅう》である中国への布教が必要であると考え、日本で二年ほど布教したのち中国へ向かい、中国への上陸の機会を待っていたが、病死した。

参考

南蛮《なんばん》文化…宣教師の活動や南蛮貿易《ぼうえき》で日本に伝えられた，西洋の学問や技術《ぎじゅつ》。医学・地理・天文学・暦学《れきがく》などの学問，活版印刷《かっぱんいんさつ》や航海術《こうかいじゅつ》が伝わった。

肥前《ひぜん》（長崎県）の大村純忠《おおむらすみただ》は日本最初のキリシタン大名。
一五八〇年、南蛮貿易《なんばんぼうえき》のために、長崎をイエズス会に寄進《きしん》した。
さらに大友義鎮《おおともよししげ》、有馬晴信《ありまはるのぶ》らの大名も入信。
キリシタン大名はふえていった。
他の宣教師たちも次々と来日。
一五八二年、キリシタン大名はキリスト教の中心地ローマへ少年使節を送り、教皇《きょうこう》に面会させた。
重要

マメ知識

キリスト教の教会堂は南蛮寺《なんばんでら》とよばれ、キリスト教がさかんなときには各地に約二百か所もつくられた。とくに京都に建設《けんせつ》された南蛮寺は評判《ひょうばん》をよび、見物人が集まる京都の名所となった。

もっとくわしく

各地で歓迎された

ローマへの少年使節

一五八二年、九州のキリシタン大名らは伊東《いとう》マンショ・千々石《ちぢわ》ミゲル・原《はら》マルチノ・中浦《なかうら》ジュリアンの四人の少年を使節としてヨーロッパへ送った（天正《てんしょう》遣欧《けんおう》少年使節）。彼《かれ》らは二年半の船旅の末、スペイン国王フェリペ二世やローマ教皇に謁見《えっけん》し、各地で大歓迎を受けた。

一五九〇年に帰国したが、すでに豊臣秀吉《とよとみひでよし》がバテレン（宣教師）追放令を出しており、表だった布教《ふきょう》活動はできなかった。

参考　**キリシタン大名**…洗礼《せんれい》を受け，キリスト教徒になった大名。大村純忠・大友義鎮（宗麟《そうりん》）・有馬晴信・高山右近《たかやまうこん》・小西行長《こにしゆきなが》らが有名。

⑯ 織田信長《おだのぶなが》の統一《とういつ》事業

戦国《せんごく》の争いを終わらせて全国を統一しようとした織田信長は、志半《こころざしなか》ばにして明智光秀《あけちみつひで》にそむかれた。そのようすを見ていこう。

1 信長の登場と領土《りょうど》の拡大《かくだい》

わしが信長じゃ！
と…との〜
クスクス
織田信長は若いころうつけ（ばか）殿《との》とよばれていた。

しかしとなりの国美濃《みの》（岐阜《ぎふ》県）の戦国大名斎藤道三《せんごくだいみょうさいとうどうさん》は信長の才能《さいのう》を見ぬき、自分の娘《むすめ》を信長にとつがせた。
いずれわが子はあのうつけの家来《けらい》になるだろう。

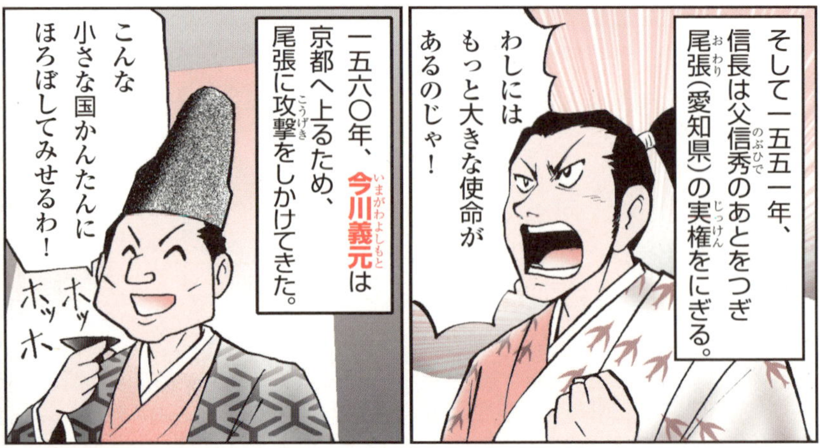
そして一五五一年、信長は父信秀《のぶひで》のあとをつぎ尾張《おわり》（愛知県）の実権《じっけん》をにぎる。
わしにはもっと大きな使命があるのじゃ！
一五六〇年、京都へ上るため、今川義元《いまがわよしもと》は尾張に攻撃《こうげき》をしかけてきた。
こんな小さな国かんたんにほろぼしてみせるわ！
ホッホッホ

重要用語 **今川義元**（1519～1560年）…駿河《するが》・遠江《とおとうみ》（静岡《しずおか》県）・三河《みかわ》（愛知県）を治めた有力な戦国大名。桶狭間の戦いで織田信長に敗れた。

殿《との》！ 大軍が せまっています！
もはや城《しろ》に たてこもるしか ありませぬ！
たわけ！ 相手が油断《ゆだん》している 今こそチャンスじゃ！
義元に 奇襲攻撃《きしゅうこうげき》を かけるぞ！
はっ！
他の兵《へい》にかまうな！ ねらうは義元 ただ一人じゃ！
しっ しまった～！
桶狭間《おけはざま》
どうだ！ 小国が 大国を打ち 破《やぶ》ったぞ！
重要
桶狭間の戦い である。

マメ知識

織田信長は室町幕府《むろまちばくふ》十三代将軍足利義輝《しょうぐんあしかがよしてる》の弟である義昭《よしあき》をつれて京都に入り、義昭を十五代将軍につけた。しかし両者はしだいに対立するようになり、一五七三年、信長は義昭を京都から追放し、室町幕府をほろぼした。

もっとくわしく

斎藤道三（一四九四～一五五六年）と織田信長（一五三四～一五八二年）

油売り商人から戦国大名となった美濃（岐阜県）の斎藤道三は、下剋上《げこくじょう》で出世した典型的な人物として知られる。

信長と会見したとき、彼《かれ》のすぐれた能力《のうりょく》を見ぬいた道三は、娘の濃姫《のうひめ》をとつがせた。そして、信長に美濃をゆずるとの遺言《ゆいごん》を残したといわれる。道三は子の義竜《よしたつ》と対立して敗死し、のちに信長は美濃を攻《せ》め落《お》として支配《しはい》した。

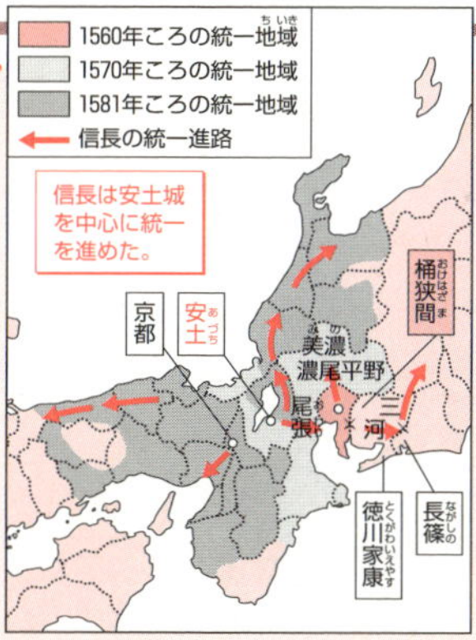
1560年ころの統一地域《ちいき》
1570年ころの統一地域
1581年ころの統一地域
信長の統一進路
信長は安土城を中心に統一を進めた。
京都
安土《あづち》
桶狭間《おけはざま》
美濃
濃尾平野
尾張
三河
長篠《ながしの》
徳川家康《とくがわいえやす》

←織田信長の勢力の広がり

重要用語

桶狭間の戦い…1560年，織田信長は，大軍を率《ひき》いて尾張（愛知県）に攻めこんだ今川義元軍に奇襲攻撃をしかけて破《やぶ》り，義元を敗死させた。

全国統一《とういつ》に動き出した信長《のぶなが》は一五七〇年、姉川《あねがわ》の戦いで越前《えちぜん》（福井県《ふくいけん》）の朝倉氏《あさくらし》と近江《おうみ》（滋賀県《しがけん》）の浅井氏《あざいし》を破った。
天下統一のためじゃ！いけー！
信長の前に立ちふさがったのは戦国大名《せんごくだいみょう》だけではなかった。
比叡山延暦寺《ひえいざんえんりゃくじ》めわしのじゃまばかりしおって！
比叡山は軍隊をつくり、浅井・朝倉軍に支援《しえん》していたのだ。
仏《ほとけ》につかえる身で武器《ぶき》を取るとは何ごとだ！山ごと焼きはらってしまえ！
ゴオオオ
うわぁ〜。
一五七一年九月、信長は比叡山に住むすべての人を焼きはらった。
さらに石山本願寺《いしやまほんがんじ》は浄土真宗《じょうどしんしゅう》の信者による一向一揆《いっこういっき》によって各地で信長に抵抗《ていこう》した。
浄土真宗代表 本願寺 顕如《けんにょ》
信長などに天下を取られてたまるか！
一向宗信者の数は多くなかなか決着がつかなかったが…、
苦しい戦いののち信長と顕如は講和《こうわ》を結んだ。

マメ知識

石山本願寺（現在《げんざい》の大阪城《おおさかじょう》のあるところにあった浄土真宗《じょうどしんしゅう》の寺）は各地で信者の一揆をうながし、反織田信長勢力《せいりょく》と同盟《どうめい》を結んで全国統一をめざす信長と十一年間戦ったが、朝廷《ちょうてい》の仲介《ちゅうかい》で講和《こうわ》を結び、本願寺から退去《たいきょ》した。

参考

姉川の戦い…1570年，織田信長・徳川家康《とくがわいえやす》軍と浅井長政《あざいながまさ》・朝倉義景《あさくらよしかげ》軍が近江（滋賀県）の姉川の河畔《かはん》で戦い，浅井・朝倉軍は敗れた。

マメ知識

比叡山延暦寺は武田氏や浅井氏、朝倉氏の援助《えんじょ》を受け、織田信長と対立した。信長は一五七一年に延暦寺を焼きはらい、僧《そう》や庶民《しょみん》三千人以上を殺害した。延暦寺はのちに豊臣《とよとみ》氏や、徳川《とくがわ》氏の援助《えんじょ》を受けて復興《ふっこう》した。

一五七五年の長篠《ながしの》の戦いでは鉄砲隊《てっぽうたい》を用いた新しい集団《しゅうだん》戦法で武田軍《たけだぐん》を壊滅《かいめつ》させた。
入試に出る!
鉄砲の前にわが騎馬隊《きばたい》は無力じゃ〜!

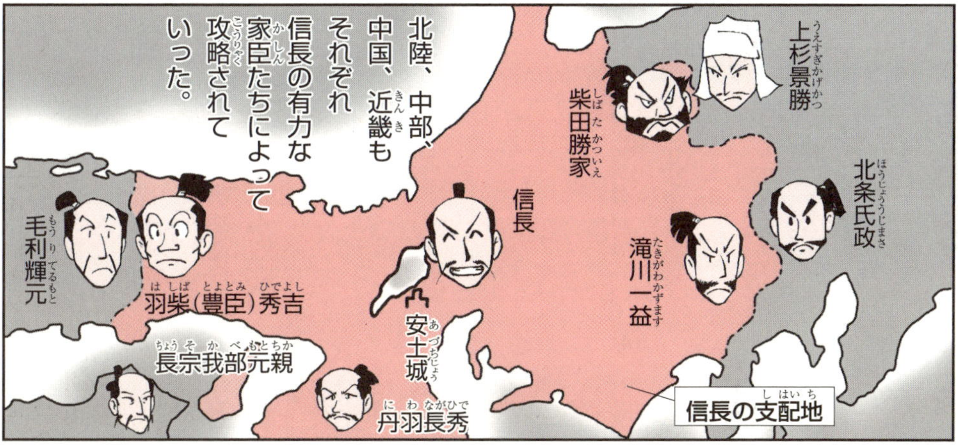
北陸、中部、中国、近畿《きんき》もそれぞれ信長の有力な家臣《かしん》たちによって攻略《こうりゃく》されていった。
上杉景勝《うえすぎかげかつ》
柴田勝家《しばたかついえ》
北条氏政《ほうじょううじまさ》
信長
滝川一益《たきがわかずます》
毛利輝元《もうりてるもと》
羽柴《はしば》(豊臣《とよとみ》)秀吉《ひでよし》
安土城《あづちじょう》
長宗我部元親《ちょうそかべもとちか》
丹羽長秀《にわながひで》
信長の支配地《しはいち》

もっとくわしく

信長がおそれた武田氏の滅亡《めつぼう》

戦上手《いくさじょうず》で、領国経営《りょうごくけいえい》にもすぐれた甲斐《かい》（山梨県《やまなし》）の名将《めいしょう》・武田信玄《たけだしんげん》は、織田信長がもっともおそれた戦国大名だったが、京都に上るために戦いを進めていた最中にたおれ、志半《こころざしなか》ばにして病死してしまった。

武田氏は子の勝頼《かつより》があとをついだが、信長は一五七五年、長篠の戦いで武田氏がほこる騎馬隊を破り、一五八二年の天目山《てんもくざん》の戦いで武田氏をほろぼした。

重要用語

長篠の戦い…1575年，三河《みかわ》（愛知県）長篠で，織田信長・徳川家康軍が大量の鉄砲を活用して武田勝頼軍を破った戦い。

2 信長《のぶなが》の政治《せいじ》

いよいよわしの全国統一《とういつ》も近い。天下人《てんかびと》にふさわしい城《しろ》をつくろう。
長秀《ながひで》 まかせたぞ！
丹羽長秀《にわながひで》
はは。
場所は京都への交通の便がよく水運にもめぐまれている安土《あづち》にしよう。
京都
琵琶湖《びわこ》
安土
城下町《じょうかまち》ができて経済《けいざい》が発展《はってん》するね！
座《ざ》や税金《ぜいきん》がなくなり自由な商売ができるよ！（楽市《らくいち》・楽座《らくざ》）
入試に出る！
関所《せきしょ》がなくなって人や商品も出入りしやすくなったよ。
殿《との》！ 安土に人がどんどん集まってきています。
はっはっは！日本は安土城《あづちじょう》を中心に発展していくのじゃ！
重要

重要用語 **楽市・楽座**…楽市は営業税《えいぎょうぜい》の免除《めんじょ》，楽座は特権《とっけん》をもった同業者組合である座《ざ》を廃止《はいし》させた政策。信長が安土城下で出したものが有名。

一五八一年、京都、本能寺《ほんのうじ》。ここは信長が京都に泊《と》まるときの宿所となっていた。
信長様 お久しゅう ございます。
おおフロイスか また世界の話を 聞かせてくれ！
宣教師《せんきょうし》のルイス＝フロイスは信長の保護《ほご》を受けてキリスト教の布教《ふきょう》活動をしていた。
信長は宣教師から外国の品々をおくられとても気に入っていた。
ワインは よいのう。

マメ知識

ルイス＝フロイスは信長のことを「武芸《ぶげい》を好み、粗野《そや》でごうまんで、名誉《めいよ》を大切にする。決断力《けつだんりょく》があり、戦術《せんじゅつ》にたけているが、部下のいうことはほとんど聞かない。」と書き残している。

もっとくわしく

天下の名城

安土城《あづちじょう》

安土城は、織田信長が近江《おうみ》の安土（滋賀《しが》県近江八幡《おうみはちまん》市安土町）に築《きず》いた城で一五七九年に完成した。琵琶湖《びわこ》に面し、水運も利用できる要所で天下統一への拠《きょ》点《てん》となった。地下一階、地上六階（五層《そう》七重）の天守《てんしゅ》（天主）閣《かく》は金や朱色《しゅいろ》でぬられ、内部は有名な絵師である狩野永徳《かのうえいとく》の障壁画《しょうへきが》でかざられた豪華《ごうか》な城だった。

しかし、一五八二年に本能寺《ほんのうじ》の変《へん》で信長が死去すると、その混乱《こんらん》のさなかに焼け落ちた。

参考 **信長とキリスト教**…一向一揆《いっこういっき》や延暦寺《えんりゃくじ》，石山本願寺《いしやまほんがんじ》など仏教勢力《ぶっきょうせいりょく》との戦いに苦しんだ信長は，それらをおさえるためキリスト教を保護し，教会や神学校の建設《けんせつ》を許可《きょか》した。

新しいものが大好きな信長《のぶなが》は西洋との貿易《ぼうえき》を積極的に進め、鉄砲《てっぽう》やマントなどを手に入れた。
西洋のよろいじゃ。
一五八二年、中国地方で戦っている秀吉《ひでよし》に加勢《かせい》するため出陣《しゅつじん》した。
羽柴《はしば》（豊臣《とよとみ》）秀吉《ひでよし》
信長様助けて〜！
その軍《ぐん》の先鋒《せんぽう》を明智光秀《あけちみつひで》に命じ、信長はわずかの兵《へい》で本能寺《ほんのうじ》に宿泊《しゅくはく》した。
明智光秀
今引き返して信長様を討《う》てばわしが天下人《てんかびと》になれる…よし！
敵《てき》は本能寺じゃ！
？
何ごとじゃ…。
殿《との》、明智光秀がむほんを起こしました！
なにぃ！

マメ知識

好奇心《こうきしん》がおうせいで、新しいものが好きだった信長は、西洋のめずらしい品々を好んだ。また、信長は西洋の進んだ科学知識《ちしき》にも興味《きょうみ》をしめし、宣教師《せんきょうし》から天文学や世界の国々の話を興味深く聞いたという。

一五八二年
本能寺の変《ほんのうじのへん》
おのれ
光秀!!
ゴオオオ
信長は光秀の軍に攻《せ》めこまれ自害した。

マメ知識

本能寺は京都の四条西洞院《しじょうにしのとういん》にあった法華宗《ほっけしゅう》の寺院で、信長が京都に滞在《たいざい》するときにいつも泊《と》まる宿となっていたが、一五八二年の本能寺の変で焼け落ちた。現在《げんざい》は京都市中京区《なかぎょうく》に移転《いてん》して再建されており、寺には信長の供養塔《くようとう》がある。

もっとくわしく

織田信長をおそった
明智光秀（?～一五八二年）

明智光秀は、美濃《みの》の守護《しゅご》だった名門の土岐氏《ときし》の一族といわれる。はじめは越前《えちぜん》（福井県《ふくいけん》）の武《ぶ》将《しょう》朝倉義景《あさくらよしかげ》に仕え、義景のもとに身を寄《よ》せていた足利義昭《あしかがよしあき》（のちの室町幕府《むろまちばくふ》十五代将軍《しょうぐん》）と織《お》田信長《だのぶなが》を引き合わせた。のちに信長に仕え、織田家のなかでも有力な武将《ぶしょう》の一人に出世した。

光秀がなぜ信長をおそったか、さまざまな説が唱《とな》えられているが、はっきりとした理由はわかっていない。

重要用語

本能寺の変…わずかの兵で京都の本能寺に滞在《たいざい》していた信長を，明智軍１万3000の兵が攻めた。信長も武器《ぶき》を取って戦ったが，自害した。49才だった。

17 豊臣秀吉《とよとみひでよし》の全国統一《とういつ》

織田信長《おだのぶなが》の統一事業を引きついだ豊臣秀吉が太閤検地《たいこうけんち》や刀狩《かたながり》を行い、ついに全国統一を果たした。そのようすを見ていこう。

1 信長の後継者《こうけいしゃ》から全国統一へ

中国地方で毛利氏《もうりし》と戦っていた羽柴《はしば》（豊臣）秀吉は手紙で**本能寺《ほんのうじ》の変《へん》**を知る。
羽柴秀吉
ま、まさか…信長様が…。
ワナワナ
よし！かたき討《う》ちじゃ！
光秀《みつひで》め～！
秀吉はただちに毛利氏と和睦《わぼく》すると大急ぎで京都にもどった。
ドドドドド
秀吉のあまりの早さに、光秀は十分な兵《へい》を集めることができず、山崎《やまざき》（京都府）で敗退《はいたい》した。
ぐわ！
そしてにげる途中《とちゅう》山の中で農民の落《お》ち武者《むしゃ》狩《が》りにあって命を落とした。

参考 **柴田勝家**（？～1583年）…織田信長の有力な家臣《かしん》の１人。信長の死後，豊臣秀吉と対立して兵をあげたが，賤ケ岳の戦いで敗れ，自害した。

清洲城《きよすじょう》（愛知県）で信長の後継者《こうけいしゃ》について会議が開かれた。
柴田勝家《しばたかついえ》
信長様のあとつぎは三男の信孝《のぶたか》様がよいと思う!
いや! あとつぎは長男信忠《のぶただ》様の子、三法師《さんぼうし》（秀信《ひでのぶ》）様じゃ!
秀吉は山崎の戦いの勝利を背景《はいけい》に織田家の実権《じっけん》をにぎりつつあった!
カッカッカ
秀吉に対立した柴田勝家は、一五八三年賤ケ岳《しずがたけ》（滋賀《しが》県）の戦いで秀吉と対戦。
ゴゴウ
ゴウ
く、むねん…。
追いつめられ妻《つま》のお市《いち》（信長の妹）とともに自害した。

マメ知識

近江（滋賀県）の浅井長政《あざいながまさ》にとつぎ、のちに柴田勝家と再婚《さいこん》した織田信長の妹お市《いち》のように、戦国時代《せんごくじだい》には他国と友好関係を結ぶために、娘《むすめ》をとつがせたり、相手国の娘を嫁《よめ》にむかえる政略結婚が行われた。女性《じょせい》は友好関係を保《たも》つ使節であり、人質《ひとじち》でもあった。

もっとくわしく

猿《さる》とよばれた 豊臣秀吉（一五三七〜一五九八年）

一五三七年、尾張《おわり》（愛知県）で足軽《あしがる》の子として生まれた秀吉は、二十才のころ織田信長《おだのぶなが》に仕えた。顔が猿に似《に》ているが、機転が利《き》き、仕事熱心な秀吉は、気むずかしい信長にも「猿」とよばれてかわいがられたという。

ここで出世の糸口をつかんだ秀吉は、やがて有力な武将《ぶしょう》となり、本能寺《ほんのうじ》の変《へん》で信長が死去したあとの勢力《せいりょく》争いに勝って後継者の地位を確立《かくりつ》した。

奥州平定（1590年）
大阪城の築城（1583〜85年）
中国攻《ぜ》め（1577年〜）
山崎《やまざき》の戦い（1582年）
朝鮮への出兵の本拠地
小田原攻め（1590年）
四国平定（1585年）
小牧《こまき》・長久手《ながくて》の戦い（1584年）
紀伊平定（1585年）
九州平定（1587年）

←豊臣秀吉の全国統一

参考 **賤ケ岳の戦い**…1583年，近江《おうみ》（滋賀県）賤ケ岳で柴田勝家と秀吉が戦った。敗北した勝家は自害し，秀吉は織田信長の後継者の地位を確立した。

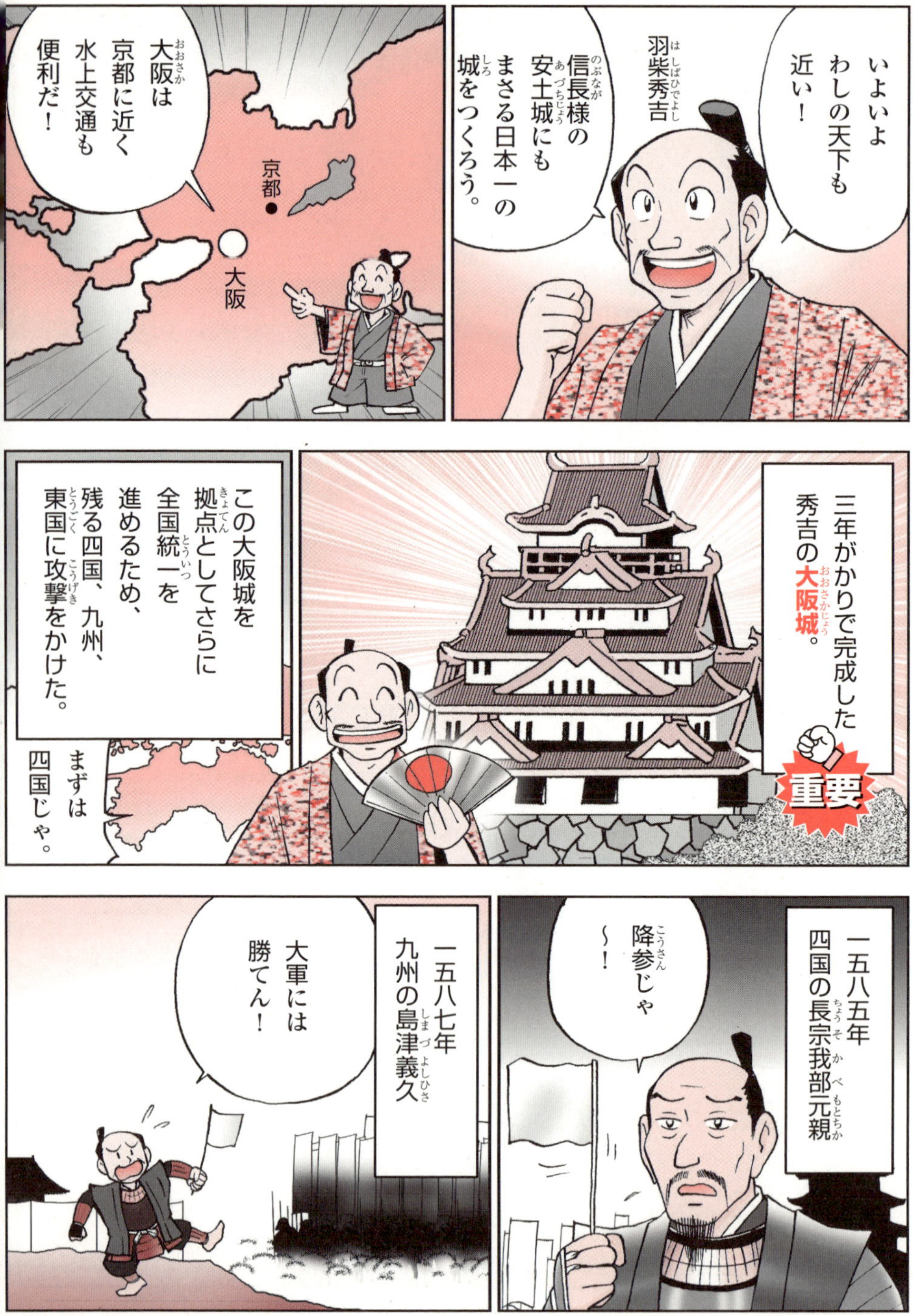
いよいよ わしの天下も 近い！
羽柴秀吉《はしばひでよし》
信長《のぶなが》様の 安土城《あづちじょう》にも まさる日本一の 城《しろ》をつくろう。
大阪《おおさか》は 京都に近く 水上交通も 便利だ！
京都
大阪
三年がかりで完成した 秀吉の**大阪城《おおさかじょう》**。
重要
この大阪城を 拠点《きょてん》としてさらに 全国統一《とういつ》を 進めるため、 残る四国、九州、 東国《とうごく》に攻撃《こうげき》をかけた。
まずは 四国じゃ。
一五八五年 四国の長宗我部元親《ちょうそかべもとちか》
降参《こうさん》じゃ 〜！
一五八七年 九州の島津義久《しまづよしひさ》
大軍には 勝てん！

マメ知識

秀吉は一五八五年に関白《かんぱく》、翌年《よくねん》には太政大臣《だいじょうだいじん》となり、後陽成天皇《ごようぜいてんのう》から豊臣の姓《せい》をあたえられた。一五九一年に養子の秀次《ひでつぐ》に関白の位をゆずり、以後、太閤《たいこう》（前の関白）と称《しょう》した。

参考 **長宗我部元親**（1538〜1599年）…土佐《とさ》（高知県）の戦国大名《せんごくだいみょう》で四国を統一したが，秀吉に攻《せ》められて降伏《こうふく》し，土佐だけの支配《しはい》をゆるされた。

マメ知識

秀吉軍は北条氏の本拠の小田原城を大軍で包囲した。北条氏は三か月間城にたてこもったが、大規模《だいきぼ》な戦いをすることなく降伏した。

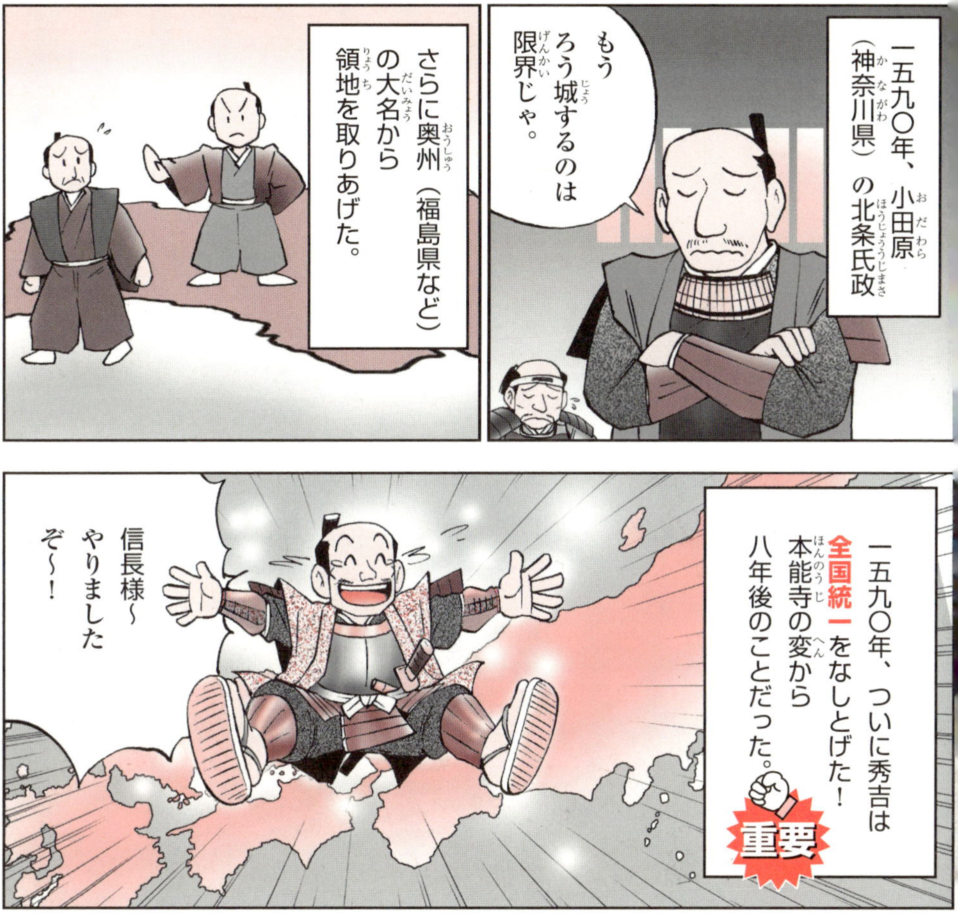
一五九〇年、小田原《おだわら》（神《か》奈川《ながわ》県）の北条氏政《ほうじょううじまさ》
もうろう城《じょう》するのは限界《げんかい》じゃ。
さらに奥州《おうしゅう》（福島県など）の大名《だいみょう》から領地《りょうち》を取りあげた。
一五九〇年、ついに秀吉は全国統一をなしとげた！本能寺《ほんのうじ》の変《へん》から八年後のことだった。
重要
信長様～やりましたぞ～！

もっとくわしく

天下の巨城《きょじょう》 大阪城

大阪城は豊臣秀吉《とよとみひでよし》が一五八三年に築城《ちくじょう》を始めた。五層《ごそう》の天守《てんしゅ》閣《かく》と城のまわりには二重の堀《ほり》をめぐらせ、難攻不落《なんこうふらく》の巨大《きょだい》な城をつくりあげたが、一六一五年の大阪夏《おおさかなつ》の陣《じん》で落城《らくじょう》した。

その後、江戸《えど》幕府《ばくふ》は大阪城を再建したが、天守閣は落雷《らくらい》で焼失し、そのほかの建物も一八六八年の戊辰《ぼしん》戦争の混乱《こんらん》のなかで焼け落ちた。現在《げんざい》の天守閣は一九三一年に再建されたもの。

↓大阪城

（学研写真・資料センター）

参考 **島津義久**（1533〜1611年）…薩摩《さつま》（鹿児島《かごしま》県）を本拠《ほんきょ》とする戦国大名で，九州の統一を進めていたが，秀吉に攻撃《こうげき》されて降伏し，薩摩の支配だけをゆるされた。

2 豊臣秀吉《とよとみひでよし》の政治《せいじ》

一五八二年、秀吉《ひでよし》は年貢《ねんぐ》を確保《かくほ》するために太閤検地《たいこうけんち》という土地調査《ちょうさ》を始めた。
入試に出る!
米をはかるますも京ますに統一《とういつ》して不公平をなくす。
これでごまかす者もなく年貢を取れるぞ!
いっしょうけんめい働かなきゃ。
なんとか農民から武器《ぶき》を取り上げねば…。
(刀狩《かたながり》)
入試に出る!
そうだ、大仏《だいぶつ》づくりを口実《こうじつ》に刀ややりを集めよう!
大仏づくりに使う鉄がいるのじゃ協力してくれ!
それなら仕方ないな…!

重要用語

太閤検地…検地は他の戦国大名《せんごくだいみょう》も行ったが，豊臣秀吉が行った検地を，とくに太閤《たいこう》検地《けんち》という。ものさしやますを統一し，土地の面積や耕作者《こうさくしゃ》などを調べた。

一五九八年秀吉は豊臣家《とよとみけ》の政治《せいじ》を安定させるため「五大老五奉行《ごたいろうごぶぎょう》」を定めた。
前田玄以《まえだげんい》
浅野長政《あさのながまさ》
石田三成《いしだみつなり》
増田長盛《ましたながもり》
長束正家《なつかまさいえ》
実際《じっさい》の政治を行うのがわれわれ五奉行である。
そして五奉行の後見人として政治全体を取りしきるのがわしら五大老じゃ。
徳川家康《とくがわいえやす》
前田利家《まえだとしいえ》
毛利輝元《もうりてるもと》
宇喜多秀家《うきたひでいえ》
上杉景勝《うえすぎかげかつ》
＊大老ははじめは6人だったが，小早《こばや》川隆景《かわたかかげ》が亡《な》くなり5人となった。

マメ知識

秀吉は一五八七年にバテレン（宣教師《せんきょうし》）追放令を出してキリスト教の布教《ふきょう》を禁じ、宣教師の国外退去《たいきょ》を命じた。しかし、南蛮貿易《なんばんぼうえき》は続けたので、キリスト教の禁止は徹底《てってい》されず、一五九六年には宣教師・信徒ら二十六人を長崎《ながさき》で処刑《しょけい》した。

もっとくわしく

兵農分離《へいのうぶんり》を進めた 太閤検地と刀狩

一五八二年から豊臣秀吉が行った太閤検地では、農民は田畑を所有する権利《けんり》をみとめられたが、年貢を納《おさ》める義務《ぎむ》を負い、土地にしばりつけられた。また、一五八八年の刀狩で農民の武器を取り上げた。さらに、身分を変えることを禁止《きんし》し、武士《ぶし》・農民・町人の身分を固定した。こうした政策《せいさく》で兵農分離が進められ、近世社会の身分制度《せいど》の基礎《きそ》ができた。

↓検地

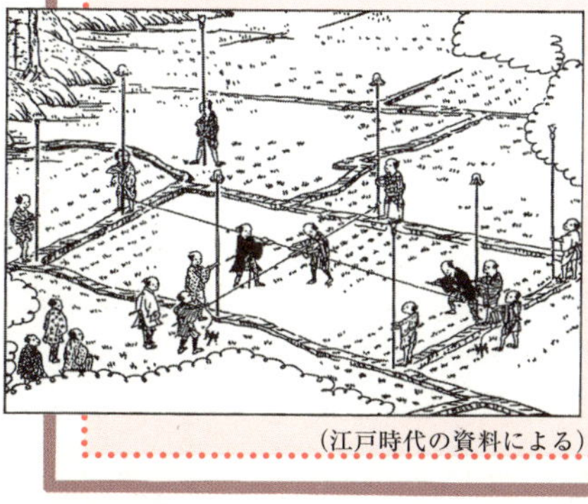

（江戸時代の資料による）

重要用語

刀狩…方広寺《ほうこうじ》の大仏建立《こんりゅう》を口実に，農民や寺院のもっていた武器を差し出させたが，ほんとうのねらいは農民の一揆《いっき》を防《ふせ》ぎ，耕作に専念させることだった。

天下を統一《とういつ》した秀吉《ひでよし》は
さらに大陸へと
目を向けるようになった。
秀吉は、一五九二年四月
十五万八千の大軍を
朝鮮《ちょうせん》へ送りこんだ。
「文禄《ぶんろく》の役《えき》」である。
重要
はじめのうちは
順調だったが、
行けー!
李舜臣《イスンシン》率《ひき》いる水軍に
大打撃《だいだげき》をくらってしまう。
さらに民衆《みんしゅう》の抵抗《ていこう》や明《みん》の
軍勢《ぐんぜい》が朝鮮に加勢《かせい》し、
苦しい戦いになった。
一五九三年
なかなか子どもができなかった
秀吉に待望の男子が生まれた。
キャキャ
豊臣家の
あととり
じゃ!
一方、朝鮮とは
いったんは講和《こうわ》の
道を進んだものの
秀吉の考えと合わず
再び攻《せ》めることに
なった。
一五九七年
「慶長《けいちょう》の役《えき》」
重要
もう一度
じゃ〜!

マメ知識

文禄の役で朝鮮の武将《ぶしょう》李舜臣は、亀甲船《きっこうせん》(矢や敵《てき》の侵入《しんにゅう》を防《ふせ》ぐため、船の屋根を厚《あつ》い鉄板でおおった軍船)を率いて日本水軍に抵抗《ていこう》した。これにより日本軍は不利となり、講和《こうわ》の話し合いが行われた。しかし、和平の交渉《こうしょう》は成功せず、秀吉は再度兵《へい》を送った。

重要用語 **朝鮮侵略(文禄の役・慶長の役)**…秀吉は，次に明(中国)の征服《せいふく》を計画し，朝鮮に明征服の道案内を要求した。しかし朝鮮がこれを拒否《きょひ》したため，朝鮮に出兵《しゅっぺい》した。

しかし、秀吉の体はおとろえ始めていた。
家康《いえやす》どの くれぐれも秀頼《ひでより》のことをお願いするぞよ…。
おまかせください、太閤《たいこう》様。
一五九八年 幼《おさな》いわが子秀頼の心配をしながら秀吉は六十二才の生涯《しょうがい》を閉《と》じた。
「慶長の役」で朝鮮に出兵《しゅっぺい》していた日本軍は戦う名目を失い兵《へい》を引いた。
やっと帰れる～!

マメ知識

豊臣秀吉は長い間子にめぐまれなかったため、おいの秀次《ひでつぐ》を養子とし、あとつぎとしていた。しかし、秀頼が生まれると、秀吉と秀次の関係は悪化。秀次は切腹《せっぷく》させられ、女子をふくむ一族三十人余《あま》りが殺された。

もっとくわしく

日本に伝わった

朝鮮の陶芸技術《とうげいぎじゅつ》

安土桃山《あづちももやま》時代には、茶の湯がさかんになった。そのため、茶の道具である茶碗《ちゃわん》などが求められるようになった。

豊臣秀吉《とよとみひでよし》の二度にわたる朝鮮《ちょうせん》侵略《しんりゃく》では、朝鮮の陶工《とうこう》が連れてこられ、九州地方や中国地方で、新しい焼き物がつくられるようになった。その代表的なものが肥前《ひぜん》(佐賀《さが》県)の有田焼《ありたやき》、薩摩《さつま》(鹿児島《かごしま》県)の薩摩焼《さつまやき》・長門《ながと》(山口県)の萩焼《はぎやき》などである。

↓有田焼の大皿

重要用語

豊臣秀頼《とよとみひでより》(1593～1615年)…秀吉の子。関ヶ原《せきがはら》の戦いののち一大名に転落。1615年の大阪夏の陣《おおさかなつのじん》で徳川家康《とくがわいえやす》に攻《せ》められ，母の淀君《よどぎみ》と自害した。

18 江戸幕府《えどばくふ》の成立

関ヶ原《せきがはら》の戦いで勝利した徳川家康《とくがわいえやす》は、実権《じっけん》をにぎって江戸幕府を開き、大阪《おおさか》の陣《じん》で豊臣《とよとみ》氏《し》をほろぼした。そのようすを見ていこう。

1 関ヶ原の戦いと江戸幕府の誕生《たんじょう》

秀吉《ひでよし》の死後豊臣政権内《とよとみせいけんない》では対立する者がふえていった。
文治派《ぶんちは》
石田三成《いしだみつなり》
小西行長《こにしゆきなが》
武断派《ぶだんは》
加藤清正《かとうきよまさ》
福島正則《ふくしままさのり》
五大老《ごたいろう》の一人徳川家康《とくがわいえやす》は着々と権力《けんりょく》をにぎっていった。
他の大名《だいみょう》と婚姻《こんいん》関係を結んで味方をふやすぞ。
石田三成
家康は豊臣家をつぶそうとしているにちがいない。
戦《いくさ》じゃ！家康を討《う》て！
ザン
三成が兵《へい》をあげるのを家康は待っていた。
関ヶ原に向かえ！
ドン

重要用語 **石田三成**（1560～1600年）…秀吉に仕えた武将。行政《ぎょうせい》・財政《ざいせい》・外交政策《せいさく》に手腕《しゅわん》を発揮《はっき》し，五奉行《ごぶぎょう》の１人となって豊臣政権の維持《いじ》に努めた。

家康方の東軍には三成と仲の悪かった武断派の武将《ぶしょう》たちが味方についた。
ワー
「関ヶ原の戦い」である。最初のうちは三成方の西軍の数も多く、一進一退《いっしんいったい》の攻防《こうぼう》が続いた。
入試に出る!

ところが西軍であるはずの小早川秀秋《こばやかわひであき》が寝返《ねがえ》り東軍に味方した。
敵《てき》は西軍じゃ!
ドドド
ワー
おのれ小早川め〜!
西軍は総《そう》くずれとなり、三成らは処刑《しょけい》された。

マメ知識

小早川秀秋は、関ヶ原の戦いでは西軍についていたが、あらかじめ家康と東軍側につく密約《みつやく》をかわしていたため、途中《とちゅう》で東軍に寝返り、味方の西軍を攻撃《こうげき》した。秀秋の寝返りで、ほかにも東軍に寝返る武将らが現《あらわ》れ、西軍は総くずれとなった。

もっとくわしく

関ヶ原の戦いを引き起こした
武断派と文治派の対立

豊臣政権では武将《ぶしょう》の加藤清正・福島正則らの武断派と、石田三成を中心とする文治派の仲が悪く、朝鮮侵略《ちょうせんしんりゃく》中の作戦や行動でも対立するなど、政権内部はまとまらなかった。

秀吉が死去すると、家康は武断派の主導権《しゅどうけん》をにぎった。危機《きき》感《かん》をもった石田三成は家康をたおそうと兵をあげ、関ヶ原の戦いが起こった。

重要用語

関ヶ原の戦い…1600年に美濃《みの》（岐阜《ぎふ》県）関ヶ原で石田三成軍と徳川家康軍が戦った。「天下分け目の戦い」といわれ，勝利した家康が政権をにぎった。

＊織田は織田信長《のぶなが》、羽柴は豊臣秀吉《とよとみひでよし》。

一六〇〇年、関ケ原《せきがはら》の戦いに勝利した徳川家康《とくがわいえやす》は全国支配《しはい》の実権《じっけん》をにぎった。
＊織田《おだ》がつき羽柴《はしば》がこねし天下もち
すわりしままに食うは徳川…じゃ。
天下泰平
一六〇三年 家康は朝廷《ちょうてい》から征夷大将軍《せいいたいしょうぐん》に任じられた。
重要
江戸《えど》の町を中心に政治《せいじ》や経済《けいざい》がまわるようにするぞ！
江戸城《えどじょう》もりっぱに建て直そう。
一六〇五年 家康は将軍職《しょうぐんしょく》を息子《むすこ》の秀忠《ひでただ》にゆずった。
これで将軍職は代々徳川家がつぐことになるぞ。
はい父上。
しかしお前はまだ若《わか》すぎる。しばらくはわしが実権をにぎるからの！
はい。

マメ知識

三河《みかわ》（愛知県）の小大名の子として生まれた徳川家康は、六才のときから十九才まで、となりの国の織田氏《おだし》や今川氏《いまがわし》の人質《ひとじち》にとられ、苦労して育った。織田信長《おだのぶなが》や豊臣秀吉《とよとみひでよし》の活やくを助けながら力をたくわえたがまん強さは、こうした経験《けいけん》から養われたものといわれる。

重要用語

徳川家康（1542〜1616年）…江戸幕府の初代将軍。関ヶ原の戦いで勝利して政権《せいけん》をにぎり，大阪《おおさか》夏の陣《じん》で豊臣氏《とよとみし》をほろぼし，徳川氏の政権をゆるぎないものとした。

大名《だいみょう》が守らなければならない決まり「武家諸法度《ぶけしょはっと》」をつくったぞ！
入試に出る
大名どうしが勝手に結婚《けっこん》してはいけない。
むほん人をかくまってはいけない。
勝手に城《しろ》をつくってはいけない。
となりの国に変なことがあれば知らせる。
など十三か条《じょう》。
さらに家康は公家《くげ》や寺社の決まりもつくった。
禁中並公家諸法度《きんちゅうならびにくげしょはっと》
学問を第一にせよ…か。
諸宗寺院法度《しょしゅうじいんはっと》
僧《そう》の生活も決められた…。
天皇や公家には政治上の力を持たせないわい！
わっはっは

マメ知識

禁中並公家諸法度は朝廷と公家《くげ》が守るべきことを定めた法令で、第一条に天皇《てんのう》は学問を優先《ゆうせん》することや、公家の官位・衣服などについても細かく規定《きてい》した。

もっとくわしく

将軍を頂点《ちょうてん》とした 江戸幕府《えどばくふ》のしくみ

江戸幕府の組織《そしき》や制度《せいど》、法令はしだいに整えられ、三代将軍家光《いえみつ》のころにほぼ完成した。最高の職《しょく》は臨時職《りんじしょく》の大老《たいろう》で、通常は老中《ろうじゅう》が政務《せいむ》の中心となり、若年寄《わかどしより》が補佐《ほさ》した。大目付《おおめつけ》や目付《めつけ》が大名や旗本《はたもと》・御家人《ごけにん》の監視《かんし》にあたり、町奉行《まちぶぎょう》など三奉行が一般政務《いっぱんせいむ》を分担《ぶんたん》した。

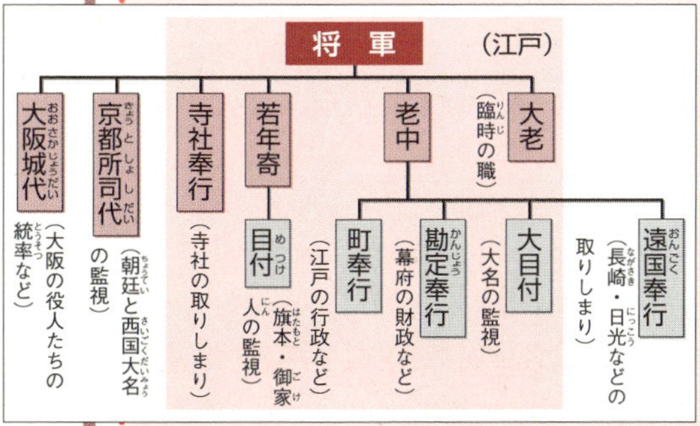
将軍
（江戸）
大老
（臨時《りんじ》の職）
老中
若年寄
寺社奉行
（寺社の取りしまり）
京都所司代《きょうとしょしだい》
（朝廷《ちょうてい》と西国大名《さいごくだいみょう》の監視）
大阪城代《おおさかじょうだい》
（大阪の役人たちの統率《とうそつ》など）
目付《めつけ》
（旗本《はたもと》・御家《ごけ》人《にん》の監視）
町奉行
（江戸の行政など）
勘定奉行《かんじょうぶぎょう》
（幕府の財政など）
大目付
（大名の監視）
遠国奉行《おんごくぶぎょう》
（長崎《ながさき》・日光《にっこう》などの取りしまり）

重要用語

徳川秀忠（1579〜1632年）…家康の三男。2代将軍となり，武家諸法度や禁中並公家諸法度の制定《せいてい》など，幕藩体制《ばくはんたいせい》の確立《かくりつ》に力をつくした。

2 豊臣氏《とよとみし》の滅亡《めつぼう》

天下は取ったが
まだ大阪城《おおさかじょう》には
豊臣秀頼《とよとみひでより》と
淀君《よどぎみ》が
おる…。
秀吉《ひでよし》様が
残した
財産《ざいさん》も多い。
豊臣家が力を
つけ、徳川《とくがわ》を
たおそうとする
かもしれぬな。
そうだ
お金を使わ
せてしまえ
ばいい！
母上
家康《いえやす》様から
豊臣家
ゆかりの寺
方広寺《ほうこうじ》を再建
するように
いわれました。
それはよい
ぜひやりなさい！
豊臣秀頼
淀君
方広寺は
ばく大なお金を
かけて再建された。
ところが、
鐘《かね》に刻《きざ》まれた
この文字は
家康の名を
二分している。
国家安康
のろいの
言葉じゃ！
なにをいう！
とんだ
いいがかり
じゃ！

参考 **方広寺**…豊臣秀吉が京都に建立《こんりゅう》した寺。大仏殿《だいぶつでん》には巨大《きょだい》な仏像《ぶつぞう》が安置されていたが，地震《じしん》でたおれてこわれた。のちに家康が秀頼に再建をすすめた。

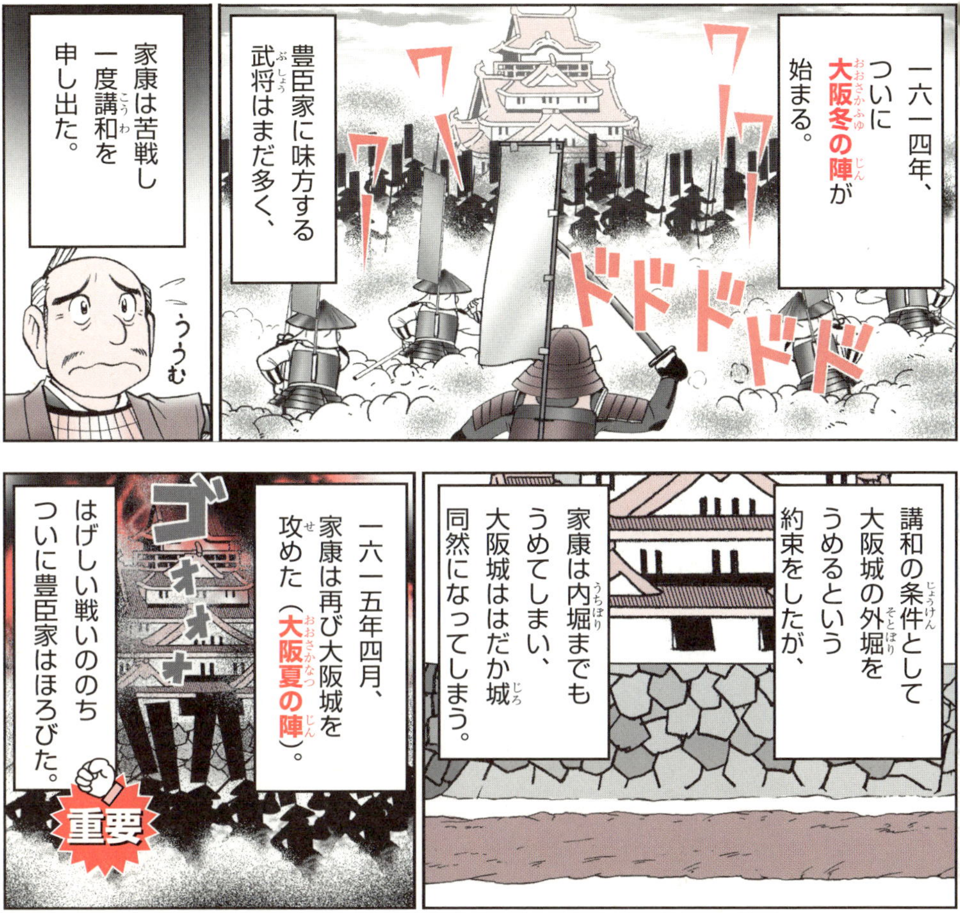
一六一四年、ついに大阪冬の陣《おおさかふゆのじん》が始まる。
ワー
ドドドドド
豊臣家に味方する武将《ぶしょう》はまだ多く、
家康は苦戦し一度講和《こうわ》を申し出た。
うぅむ
講和の条件《じょうけん》として大阪城の外堀《そとぼり》をうめるという約束をしたが、
家康は内堀《うちぼり》までもうめてしまい、大阪城ははだか城《じろ》同然になってしまう。
一六一五年四月、家康は再び大阪城を攻《せ》めた（大阪夏の陣《おおさかなつのじん》）。
ゴォォォ
はげしい戦いののちついに豊臣家はほろびた。
重要

マメ知識

大阪夏の陣では、豊臣氏の味方になる大名《だいみょう》は少なく、豊臣軍は関ヶ原《せきがはら》の戦いで取りつぶされた大名や浪人《ろうにん》が多かった。なかでも関ヶ原の戦いで敗北した武将《ぶしょう》・真田幸村《さなだゆきむら》の部隊は、家康の本陣《ほんじん》に切りこむ活やくを見せたが、幸村は戦死した。

もっとくわしく

大阪の陣を引き起こした

方広寺の鐘

豊臣氏をほろぼそうと考えていた家康は、方広寺再建のときにつくられた鐘に刻まれていた文字に目をつけ、「国家安康《こっかあんこう》」は家康の名を引きさいてのろい、「君臣豊楽《くんしんほうらく》」は豊臣を君主として子孫の繁栄《はんえい》を楽しむと解釈《かいしゃく》し、徳川をほろぼして豊臣の繁栄を願っているだろうといいがかりをつけた。おどろいた豊臣氏は弁解《べんかい》に努めたが、家康は受け入れず、豊臣氏は戦うことを決意した。

参考

淀君(1567〜1615年)…母は織田信長の妹お市《いち》。秀吉の側室《そくしつ》で，秀頼を産んだ。秀吉の死後，秀頼の後見人として政治《せいじ》に介入《かいにゅう》した。大阪夏の陣で秀頼とともに自害した。

3 江戸幕府《えどばくふ》の大名統制《だいみょうとうせい》

いよいよわが息子《むすこ》秀忠《ひでただ》が活やくするときじゃ！
父のあとをついでさらに戦《いくさ》の心配のない世の中をつくるぞ！

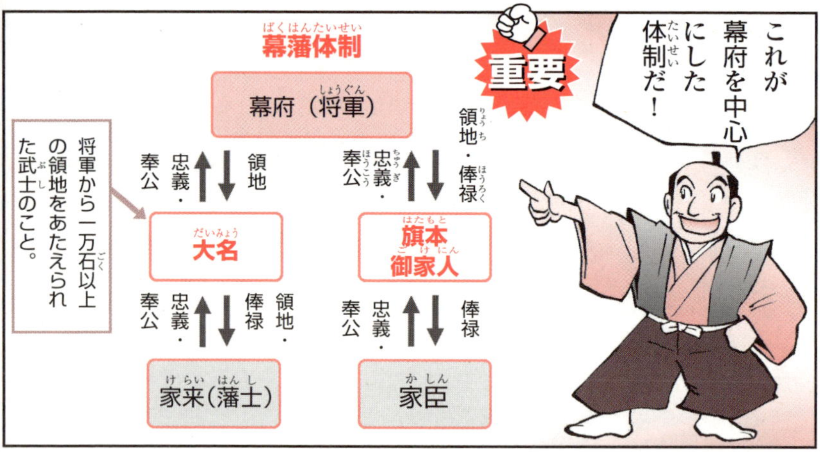
これが幕府を中心にした体制《たいせい》だ！
重要
幕藩体制《ばくはんたいせい》
幕府（将軍《しょうぐん》）
領地・俸禄《りょうち・ほうろく》
忠義《ちゅうぎ》・奉公《ほうこう》
旗本《はたもと》
御家人《ごけにん》
俸禄
忠義・奉公
家臣《かしん》
領地
忠義・奉公
大名《だいみょう》
領地・俸禄
忠義・奉公
家来（藩士）《けらい はんし》
将軍から一万石《ごく》以上の領地をあたえられた武士《ぶし》のこと。

まずは大名たちにけじめをつけさせるぞ！ 少しでもまちがいをおかした者はようしゃせん！
豊臣氏《とよとみし》に仕えていた大名たちは領地を取られたり（改易《かいえき》）、領地を移動《いどう》させられたり（転封《てんぽう》）した。

重要用語

旗本・御家人…将軍に直接《ちょくせつ》仕えた家臣。一万石未満で江戸に住んだ。このうち将軍に直接会うことがゆるされる者を旗本，ゆるされない者を御家人といった。

わかりやすく大名の種類を三つに分けた。
親藩《しんぱん》
徳川《とくがわ》一族の大名。
尾張《おわり》、紀伊《きい》、水戸《みと》など。
譜代《ふだい》大名
「関ヶ原《せきがはら》の戦い」以前から徳川氏に従《したが》っていた大名。
外様《とざま》大名
「関ヶ原の戦い」ののちに徳川氏に従った大名。
入試に出る!

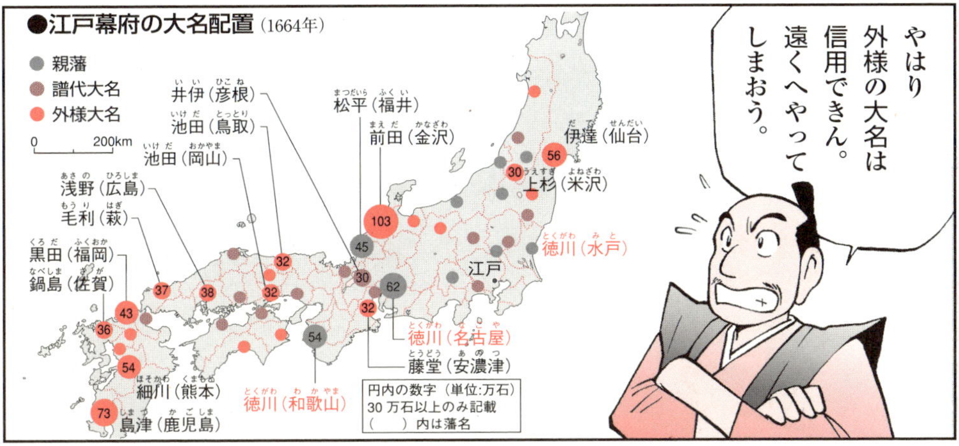
●江戸幕府の大名配置 (1664年)
親藩
譜代大名
外様大名
0 200km
井伊《いい》(彦根《ひこね》)
池田《いけだ》(鳥取《とっとり》)
池田《いけだ》(岡山《おかやま》)
浅野《あさの》(広島《ひろしま》)
毛利《もうり》(萩《はぎ》)
黒田《くろだ》(福岡《ふくおか》)
鍋島《なべしま》(佐賀《さが》)
細川《ほそかわ》(熊本《くまもと》)
島津《しまづ》(鹿児島《かごしま》)
徳川《とくがわ》(和歌山《わかやま》)
松平《まつだいら》(福井《ふくい》)
前田《まえだ》(金沢《かなざわ》)
伊達《だて》(仙台《せんだい》)
上杉《うえすぎ》(米沢《よねざわ》)
徳川《とくがわ》(水戸《みと》)
江戸
徳川《とくがわ》(名古屋《なごや》)
藤堂《とうどう》(安濃津《あのつ》)
103 56 30 45 30 62 32 32 32 37 38 43 36 54 54 73
円内の数字 (単位:万石)
30万石以上のみ記載
( ) 内は藩名
やはり外様の大名は信用できん。遠くへやってしまおう。

もっとくわしく
鉢植《はち》えのように 江戸幕府の大名統制

初期の江戸幕府は、全国支配《しはい》者としての地位を強めるため、大名の統制に力を入れた。武家諸法度《ぶけしょはっと》に違反《いはん》したり、あとつぎがいない大名を取りつぶす改易、領地をへらす減封《げんぽう》、領地を移《うつ》しかえる転封（国替《くにがえ》）が、大名を鉢植えするかのように、しきりに行われ、大名とその領地の農民の結びつきを弱めた。また、譜代大名を外様大名のとなりにおいて監視《かんし》させるなど、たくみに配置した。

マメ知識

幕藩体制は、江戸幕府がとった中央集権的《しゅうけんてき》な支配《しはい》体制で、将軍を頂点《ちょうてん》として幕府が大名を従《したが》え、大名が領地と人民を支配した。主君は家来に領地や俸禄（米や給料《きゅうりょう》）をあたえ、家来は主君に忠義をちかって奉公した。

重要用語

御三家《ごさんけ》…親藩の中でも御三家とよばれた尾張・紀伊・水戸の徳川家は，家康《いえやす》の子が分家したもので，将軍に後継者《こうけいしゃ》がいない場合にあとつぎを出した。

要点整理と重要事項のまとめ⑤

1 ヨーロッパ人の来航《らいこう》と織田信長《おだのぶなが》（室町《むろまち》時代～安土桃山《あづちももやま》時代）

①鉄砲《てっぽう》とキリスト教の伝来

- **鉄砲**…1543年，**種子島《たねがしま》**に漂着《ひょうちゃく》した**ポルトガル人**が伝える。
- **キリスト教**…1549年，**フランシスコ＝ザビエル**が伝える。キリシタン大名《だいみょう》の登場。

②織田信長の統一《とういつ》事業

- **天下統一への動き**…**桶狭間《おけはざま》の戦い**で今川義元《いまがわよしもと》を破《やぶ》る。室町《むろまち》幕府《ばくふ》をほろぼし，**長篠《ながしの》の戦い**では足軽鉄砲隊《あしがるてっぽうたい》を組織《そしき》して武《たけ》田氏《だし》をたおす。
- **信長の政治**…琵琶湖《びわこ》東岸に**安土城《あづちじょう》**。城下《じょうか》などで**楽市《らくいち》・楽座《らくざ》**を行い，関所《せきしょ》を廃止《はいし》する。**キリスト教の保護《ほご》**。

2 豊臣秀吉《とよとみひでよし》の統一事業（安土桃山時代）

①統一事業の完成

- **山崎《やまざき》の戦い**…**明智光秀《あけちみつひで》**をたおして信長の後継者《こうけいしゃ》に。
- **天下統一**…**大阪城《おおさかじょう》**を拠点《きょてん》に，1590年，全国統一を完成。

②秀吉の政治

- **農民の支配《しはい》**…**太閤検地《たいこうけんち》**や**刀狩《かたながり》**で農民と武士《ぶし》の区別を明確《めいかく》に。
- **朝鮮侵略《ちょうせんしんりゃく》**…明《みん》を征服《せいふく》するため，朝鮮に2度派兵《はへい》するが失敗。
- **桃山文化**…**姫路城《ひめじじょう》**，**千利休《せんのりきゅう》**の**茶の湯**，阿国《おくに》の歌舞伎踊《かぶきおど》り。

3 江戸幕府《えどばくふ》の成立（江戸時代）

①関ヶ原《せきがはら》の戦いと徳川家康《とくがわいえやす》

- **関ヶ原の戦い**…**徳川家康**が勝ち，全国支配《しはい》の実権《じっけん》をにぎる。
- **江戸幕府の成立**…1603年，家康は**征夷大将軍《せいいたいしょうぐん》**に任じられる。
- **豊臣氏の滅亡《めつぼう》**…**大阪《おおさか》冬の陣《じん》**，**夏の陣**で豊臣氏をほろぼす。

②江戸幕府のしくみ

- **幕藩体制《ばくはんたいせい》**…全国を幕府領《ばくふりょう》と大《だい》名領《みょうりょう》（**藩《はん》**）に分けて支配。**親《しん》藩《ぱん》**，**譜代大名《ふだいだいみょう》**，**外様《とざま》大名**に区別し，たがいに監視《かんし》させる。
- **大名の支配**…**武家諸法度《ぶけしょはっと》**の制《せい》定《てい》。

重要事項の一問一答⑤

① ヨーロッパ人の来航と織田信長(室町時代～安土桃山時代)

(答え記入欄)

①1543年に種子島に漂着したポルトガル人が伝えたものは何ですか。……

②1549年に鹿児島《かごしま》に上陸し，キリスト教を伝えたイエズス会の宣教師《せんきょうし》はだれですか。……

③1575年に織田信長が武田氏を破《やぶ》った戦いを何といいますか。……

④信長が行った，市場の税《ぜい》を免除《めんじょ》して座《ざ》の特権《とっけん》を廃止《はいし》した政策《せいさく》を何といいますか。……

② 豊臣秀吉の統一事業(安土桃山時代)

①豊臣秀吉が石山本願寺《いしやまほんがんじ》のあと地に築《きず》き，全国統一の拠点とした城を何といいますか。……

②秀吉は全国の田畑を調査《ちょうさ》して，耕作者《こうさくしゃ》を検《けん》地帳《ちちょう》に登録しました。これを何といいますか。……

③秀吉は，一揆《いっき》を防《ふせ》ぐために農民から武器《ぶき》を取り上げました。これを何といいますか。……

④明征服《せいふく》の足がかりとするため，秀吉が2度にわたって大軍を送った国はどこですか。……

③ 江戸幕府の成立(江戸時代)

①1600年に徳川家康が石田三成《いしだみつなり》らを破った戦いを何といいますか。……

②大名の領地とその支配のしくみを何といいますか。……

③①の戦いののちに徳川氏に従《したが》った大名を，何といいますか。……

④江戸幕府が大名を取りしまるために定めた法《ほう》律《りつ》を何といいますか。……

答え　**1** ①鉄砲　②（フランシスコ＝）ザビエル　③長篠の戦い　④楽市・楽座　**2** ①大阪城　②（太閤）検地　③刀狩　④朝鮮　**3** ①関ヶ原の戦い　②藩　③外様大名　④武家諸法度

⑷　〈資料３〉は東大寺にある金剛力士像《こんごうりきしぞう》を表している。これがつくられた時代について述べたものとしてもっとも適しているものを，次の**ア**～**エ**から１つ選び，記号で答えなさい。

〈資料３〉

ア　幕府には，中央に侍所《さむらいどころ》・政所《まんどころ》・問注所《もんちゅうじょ》が置かれ，地方には守護《しゅご》と地頭《じとう》が置かれた。
イ　楽市《らくいち》・楽座《らくざ》が行われ，商工業が発達した。
ウ　新しい仏教が生まれ，栄西《えいさい》が臨済宗《りんざいしゅう》を，法然《ほうねん》が浄《じょう》土真《どしん》宗を開いた。
エ　鴨長明《かものちょうめい》が『徒然草《つれづれぐさ》』を書いた。

⑸　ある遺跡《いせき》からは，土偶とよばれるものが出土する。土偶がつくられた時代について述べたものとしてもっとも適しているものを，次の**ア**～**エ**から１つ選び，記号で答えなさい。
ア　はにわとよばれる人形が多くつくられ，古墳《こふん》の周囲にならべられた。
イ　この時代の遺跡として，吉野ヶ里《よしのがり》遺跡が知られている。
ウ　人々が生活した跡《あと》として，貝塚が残されている。
エ　それまでの土器にかわり，薄手でじょうぶな赤《せき》かっ色《しょく》の土器が広く使われるようになった。

⑹　〈資料４〉は平等院鳳凰堂《びょうどういんほうおうどう》を表している。これがつくられた時代について述べたものとして誤っているものを，次の**ア**～**エ**から１つ選び，記号で答えなさい。

〈資料４〉

ア　長く続いた院政にかわって，藤原《ふじわら》氏による摂関《せっかん》政治が開始された。
イ　唐《とう》への使節の派遣《はけん》が停止された。
ウ　貴族《きぞく》や寺社の荘園《しょうえん》が増え，税を納めなくてもよい権利をもつものもあった。
エ　空海《くうかい》が唐に留学し，日本に帰国した後に真言《しんごん》宗を開いた。

入試問題にチャレンジ①

1 次の問いに答えなさい。（東邦大学附属東邦中学校・改）

(1) 〈資料１〉は東大寺正倉院《とうだいじしょうそういん》にある五絃《ごげん》の琵琶《びわ》とよばれる宝物である。これが正倉院におさめられた時代について述べたものとしてもっとも適しているものを，次の**ア**～**エ**から１つ選び，記号で答えなさい。

〈資料１〉

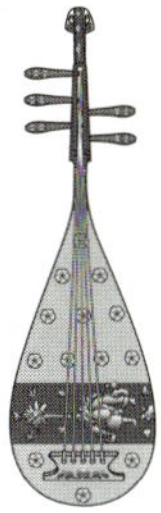

ア　ギリシャ文化の影響《えいきょう》を受けた〈資料１〉のような楽器が，多くつくられた。

イ　朝廷《ちょうてい》は隋《ずい》にたびたび使者と留学生を送った。

ウ　班田収授法《はんでんしゅうじゅのほう》が実施されなくなった。

エ　律令《りつりょう》にもとづいて政治が行われていた。

(2) 〈資料２〉は雪舟《せっしゅう》の水墨画《すいぼくが》を表している。これが描かれた時代について述べたものとしてもっとも適しているものを，次の**ア**～**エ**から１つ選び，記号で答えなさい。

〈資料２〉

ア　幕府《ばくふ》に将軍《しょうぐん》を補佐《ほさ》する役として，管領《かんれい》が置かれていた。

イ　朱印状《しゅいんじょう》を持った船が，清《しん》との間で貿易を行っていた。

ウ　禅宗《ぜんしゅう》の影響を受けて，寝殿造《しんでんづくり》の建築様式が発達した。

エ　宋《そう》からもたらされた銅銭《どうせん》が，さかんに使われるようになった。

(3) 兵庫県には，五色塚古墳《ごしきづかこふん》とよばれる前方後円墳がある。これがつくられた時代について述べたものとして誤っているものを，次の**ア**～**エ**から１つ選び，記号で答えなさい。

ア　大陸や朝鮮《ちょうせん》半島から日本に来た渡来人が，新しい文化や技術を日本に伝えた。

イ　大陸から伝わった漢字をもとに，ひらがな・カタカナがつくられた。

ウ　登《のぼ》り窯《がま》を使って高い温度で須恵器《すえき》を焼く技術が，日本に伝わった。

エ　有力な豪族《ごうぞく》が連合して，朝廷をつくった。

(4) 下線部（B）の時代につくられた書物として正しいものを，次の**ア〜エ**から1つ選び，記号で答えなさい。

ア 『徒然草《つれづれぐさ》』　**イ** 『平家《へいけ》物語』
ウ 『枕草子《まくらのそうし》』　**エ** 『古事記《こじき》』

(5) 下線部（C）の説明として正しいものを，次の**ア〜エ**から1つ選び，記号で答えなさい。

ア 天智《てんじ》天皇の死後，天皇の子と弟が皇位をめぐって争った。
イ 源義経《よしつね》が平氏《へいし》をほろぼした。
ウ 後鳥羽《ごとば》上皇が幕府を倒《たお》そうとして兵をあげた。
エ 将軍足利義政《よしまさ》のあとつぎ問題で戦乱がおこった。

2 次の資料A〜Cを読んで，あとの問いに答えなさい。

（早稲田中学校・改）

A　栄叡《ようえい》と普照《ふしょう》は中国揚州《ようしゅう》の大明寺《だいめいじ》へ行き，「日本に来て正しい仏教の教えを広めてほしい。」とお願いした。①大和上《だいわじょう》（徳の高い僧）は弟子たちに「だれか日本に行って教えを伝えるものはいるか。」とたずねたが，みな黙《だま》ってしまった。そこで大和上は「お前たちが行かないならば，私が行こう。」と言った。

B　全国の百姓の刀をことごとく取り上げた。方広寺《ほうこうじ》の大仏の釘《くぎ》に使うという。しかし本当は（　②　）を防ぐためだろうとうわさされている。

C　倭《わ》はもともと男性を王としていたが争乱がおこり，長年の間，国ぐにがたがいに攻撃《こうげき》しあっていた。そこで国ぐには共同で1人の女性を王とした。③倭の女王は中国に使者を送り，おくり物をしたので，中国の皇帝は倭の女王に金印などを与えた。

(1) 下線部①について，この僧が日本に来て開いた寺の名前を漢字で答えなさい。

(2) （　②　）にあてはまる語句を漢字2字で答えなさい。

(3) 下線部③について，倭の女王が住んでいた国の所在地についてはいくつか説がありますが，奈良盆地《ならぼんち》にある遺跡《いせき》が有力な候補地の1つです。その遺跡を次の**ア〜エ**から1つ選び，記号で答えなさい。

ア 吉野ヶ里《よしのがり》　**イ** 百舌鳥《もず》
ウ 纏向《まきむく》　**エ** 加茂岩倉《かもいわくら》

入試問題にチャレンジ②

1 次の年表を見て，あとの問いに答えなさい。（世田谷学園中学校・改）

時代	年代	できごと
飛鳥《あすか》	593 645	聖徳太子《しょうとくたいし》が摂政《せっしょう》となる (A)大化《たいか》の改新《かいしん》がおこる
奈良《なら》	710 741	都が平城京に移される （　1　）天皇《てんのう》が国ごとに国分寺《こくぶんじ》を建てることを命じる
(B)平安《へいあん》	794 1086	都が平安京に移される 白河上皇《しらかわじょうこう》が（　2　）を開始する
鎌倉《かまくら》	1192 1221 1274	源頼朝《みなもとのよりとも》が征夷大将軍《せいいたいしょうぐん》となる (C)承久《じょうきゅう》の乱がおこる 元《げん》の大軍が攻《せ》めてくる
室町《むろまち》	1338 （　あ　）	足利尊氏《あしかがたかうじ》が征夷大将軍となる 応仁《おうにん》の乱がおこる
（　3　）	（　い　） 1582 1590	織田信長《おだのぶなが》が室町幕府《ばくふ》を滅《ほろ》ぼす 羽柴《はしば》（豊臣《とよとみ》）秀吉《ひでよし》が（　4　）を開始する 豊臣秀吉が全国を統一する

(1)（　1　）～（　4　）にあてはまる語句・人名を答えなさい。

(2)（　あ　）・（　い　）にあてはまる年代の組み合わせとして正しいものを，右の**ア～オ**から１つ選び，記号で答えなさい。

	（　あ　）	（　い　）
ア	1467	1572
イ	1467	1573
ウ	1468	1573
エ	1468	1573
オ	1469	1574

(3) 下線部（A）の基本方針として誤っているものを，次の**ア～エ**から１つ選び，記号で答えなさい。

ア　冠位《かんい》を定めて，能力のすぐれたものを役人に取り立てた。

イ　全国に役人を遣《つか》わして支配した。

ウ　戸籍《こせき》を作成し，土地を人民に割り当て耕作させた。

エ　これまでの税のしくみを改めて，新しい税制を定めた。

2 次の文を読んで，あとの問いに答えなさい。（浦和明の星女子中学校・改）

絹《きぬ》は，奈良《なら》時代から平安《へいあん》時代には貴族《きぞく》たちに好まれました。平安時代には，生糸《きいと》をつくる技術は全国に広がっていたと考えられます。しかし，①鎌倉《かまくら》時代の政治の中心をになった武士たちは，武芸にはげみ，質素な生活を心がけていましたから，ぜいたくな絹織物は好まれず，生糸の生産は落ちこんだようです。また，②室町《むろまち》時代になって勘合《かんごう》貿易が始まると，中国から生糸や絹織物が多く輸入されて，ますます日本の生糸の生産量は減っていきました。その後，応仁《おうにん》の乱を避《さ》けて各地へ逃《に》げていた絹織物の職人たちが，山名持豊《やまなもちとよ》（山名宗全《そうぜん》）軍の陣地《じんち》があった場所に集まって始めた③京都の［④］のような高級な絹織物でも，品質のよい中国産の生糸が使われていました。

(1) 下線部①について，鎌倉時代について述べた説明文として正しいものを，次の**ア**～**エ**から１つ選び，記号で答えなさい。

ア 九州地方で瀬戸《せと》焼や有田《ありた》焼がつくられた。
イ 紀貫之《きのつらゆき》がひらがなを使って『新古今《しんこきん》和歌集』をまとめた。
ウ 鴨長明《かものちょうめい》が，『方丈記《ほうじょうき》』という随筆《ずいひつ》の作品を書いた。
エ 駿河国《するがのくに》に金沢《かねざわ》文庫がつくられ，日本や中国の書籍が集められた。

［　　］

(2) 下線部②について，室町時代に活躍した人物について述べた説明文として誤っているものを，次の**ア**～**エ**から１つ選び，記号で答えなさい。

ア 宗祇《そうぎ》が連歌《れんが》集をつくった。　**イ** 一休宗純《いっきゅうそうじゅん》が民衆に仏教を広めた。
ウ 林羅山《はやしらざん》が幕府に重んじられた。　**エ** 尚巴志《しょうはし》が琉球《りゅうきゅう》王国を建国した。

［　　］

(3) 下線部③について，京都について述べた説明文として誤っているものを，次の**ア**～**エ**から１つ選び，記号で答えなさい。

ア 1997年に，地球温暖化の防止について話し合う国際会議が開かれた。
イ 応仁の乱で中止された祇園会《ぎおんえ》という神社の祭りを，有力商人たちが復活させた。
ウ 室町時代に，臨済宗《りんざいしゅう》の寺院である南禅寺《なんぜんじ》が建てられた。
エ 江戸《えど》時代には武士の屋敷《やしき》が集まり，「将軍様のおひざもと」とよばれた。

［　　］

(4) 空欄《くうらん》［④］にあてはまる語句を，漢字３字で答えなさい。［　　］

入試問題にチャレンジ③

1 **次のA～Dは，歴史上有名な場所の簡単な説明です。これを読んで，あとの問いに答えなさい。**（日本女子大学附属中学校・改）

A　大きな六本柱の建物があり，今から約5500年前から1500年間にわたって，定住生活が営まれていた。
B　奥州藤原氏《おうしゅうふじわら》が寺を建て，文化が栄えた。
C　3代将軍《しょうぐん》が2層・3層に金ぱくをはりつめた建物を建てた。
D　室町幕府《むろまちばくふ》を滅《ほろ》ぼした戦国大名《せんごくだいみょう》は大きな城を建て，そのふもとに城下町が広がった。

(1)　Aについて，次の①・②の問いに答えなさい。

①　この時代，かつおやまぐろなどの漁を中心に行っていた季節を，次の**ア**～**エ**から1つ選び，記号で答えなさい。

ア　春　　**イ**　夏　　**ウ**　秋　　**エ**　冬

②　この遺跡《いせき》からは，新潟県産のヒスイや北海道産の黒曜石《こくようせき》が発見されていますが，このことからどのようなことがわかりますか，答えなさい。

(2)　Bについて，「奥州藤原氏」が活躍《かつやく》したのは，おもに何世紀か。正しいものを次の**ア**～**エ**から1つ選び，記号で答えなさい。

ア　12世紀　　**イ**　13世紀　　**ウ**　14世紀　　**エ**　15世紀

(3)　Cについて，「3代将軍」が貿易をしていた中国の王朝名を，次の**ア**～**エ**から1つ選び，記号で答えなさい。

ア　清《しん》　　**イ**　明《みん》　　**ウ**　宋《そう》　　**エ**　元《げん》

(4)　Dについて，この「城下町」のようすとして正しいものを，次の**ア**～**エ**から1つ選び，記号で答えなさい。

ア　多くの関所が設けられた。
イ　商人たちが自由に営業することを許された。
ウ　仏教が保護され，多くの寺が建てられた。
エ　家来はほとんど住んでいなかった。

(5) **ウ**

2 (1) **唐招提寺《とうしょうだいじ》**

(2) **一揆《いっき》**

(3) **ウ**

(3) **ア**は冠位《かんい》十二階の制度について述べたもので，聖徳太子《しょうとくたいし》が行った政策である。

(4) 平安時代につくられた作品は**ウ**の『枕草子《まくらのそうし》』で，清少納言《せいしょうなごん》が著した。**ア**・**イ**は鎌倉時代，**エ**は奈良時代につくられた。

2 (1) この僧とは鑑真《がんじん》のことである。

(2) Bの文は，豊臣秀吉《とよとみひでよし》が行った刀狩についてのべたものである。

(3) **ア**の吉野ヶ里遺跡《よしのがりいせき》は佐賀県。**イ**の百舌鳥《もず》は大阪府にあり，古墳群で有名。**エ**の加茂《かも》岩倉《いわくら》遺跡は島根県。

P162 - 163

1 (1) ① **イ**

② **現在の新潟県や北海道などの地域と交流をしていたことがわかる。**

(2) **ア**

(3) **イ**

(4) **イ**

2 (1) **ウ**

(2) **ウ**

(3) **エ**

(4) **西陣織《にしじんおり》**

1 (1) ① Aの時代とは縄文時代である。

② この遺跡とは，青森県にある三内丸山遺跡である。

(2) 奥州藤原氏《おうしゅうふじわら》が活躍したのは平安時代の後期である。源義経《みなもとのよしつね》をかくまったことなどもあって，源頼朝《よりとも》に攻《せ》められて滅亡《めつぼう》した。

(3) 3代将軍《しょうぐん》とは足利義満《あしかがよしみつ》のことで，明《みん》との間で日明貿易（勘合《かんごう》貿易）を行った。

(4) 室町幕府《むろまちばくふ》を滅ぼした戦国大名《せんごくだいみょう》とは織田信長《おだのぶなが》のことで，安土城下では楽市・楽座が行われ，商人たちは自由に営業することができた。

2 (1) **ア**の瀬戸《せと》焼は愛知県で生産されている。有田《ありた》焼の生産は江戸時代に始まった。

(2) 林羅山《はやしらざん》は江戸時代初期の儒学者《じゅがくしゃ》。

(3) **ア**は，地球温暖化防止京都会議のこと。**イ**は祇園祭《ぎおんまつり》のこと。**エ**の「将軍様のおひざもと」とは，幕府が置かれた江戸のこと。

(4) 西陣とは京都市にある地名。応仁《おうにん》の乱のとき，西軍の山名持豊《やまなもちとよ》の陣地《じんち》が置かれたことからこの名がついた。

入試問題にチャレンジ 解答と解説

P158 - 159

1
(1) **エ**
(2) **ア**
(3) **イ**
(4) **ア**
(5) **ウ**
(6) **ア**

1
(1) 正倉院《しょうそういん》に五絃《ごげん》の琵琶《びわ》がおさめられたのは奈良《なら》時代。**ア**の五絃の琵琶はインドから中国に伝わり，日本にもたらされた。

(2) 雪舟《せっしゅう》は室町《むろまち》時代の人物である。**イ**は江戸《えど》時代初期，**エ**は平安《へいあん》時代末期から鎌倉《かまくら》時代のようすである。**ウ**は寝殿造《しんでんづくり》ではなく書院《しょいん》造《づくり》で，室町時代に発達した。

(3) **イ**は平安時代。ひらがなは，おもに女性の間で使われた。

(4) 金剛力士像《こんごうりきしぞう》がつくられたのは鎌倉時代である。**イ**の楽市《らくいち》・楽座《らくざ》は安土桃山《あづちももやま》時代に織《お》田《だ》信長《のぶなが》が安土城下で行ったものが有名。**ウ**と**エ**はともに鎌倉時代だが，**ウ**の法然《ほうねん》は浄《じょう》土宗《どしゅう》を開いた。**エ**の『徒然草《つれづれぐさ》』を書いたのは兼好法師《けんこうほうし》（吉田兼好）。

(5) 土偶《どぐう》がつくられたのは縄文《じょうもん》時代である。**ア**は古墳《こふん》時代，**イ**・**エ**は弥生《やよい》時代である。**エ**の薄手で丈夫な赤《せき》かっ色《しょく》の土器とは弥生土器のことである。

(6) **ア**の院政は摂関《せっかん》政治の次に始まった。

P160 - 161

1
(1) 1 **聖武《しょうむ》**
2 **院政**
3 **安土桃山**
4 **（太閤《たいこう》）検地**
(2) **イ**
(3) **ア**
(4) **ウ**

1
(1) 1 聖武天皇は国ごとに国分寺《こくぶんじ》・国分尼《に》寺を建て，総国分寺として奈良に東大寺を建てた。2 白河上皇《しらかわじょうこう》は天皇の位をゆずって上皇となり，上皇の住まいである院で院政とよばれる政治を始めた。4 豊臣秀吉《とよとみひでよし》が刀狩《かたながり》を行ったのは，1588年。

重要年代早覚え付き

最重要項目年表

●暗記すべき重要項目《こうもく》を選んでのせてあります。
●大事件《だいじけん》・時代の変わり目には年代早覚えがついています。

区分	年代	できごと（年代早覚え）
旧石器時代《きゅうせっきじだい》		地球全体が寒い、氷河《ひょうが》時代
		打製石器《だせいせっき》が使われるようになる
		狩《か》りや漁《りょう》、採集《さいしゅう》をしてくらす
	一万二〇〇〇〜一万年前ごろ	日本列島ができる
縄文時代《じょうもんじだい》		縄文土器《じょうもんどき》がつくられる
弥生時代《やよいじだい》（紀元前→）	紀元前《きげんぜん》四世紀ごろ	中国大陸から米づくりが伝えられる
		弥生土器《やよいどき》がつくられる
		このころ青銅器《せいどうき》や鉄器が伝わる
（←紀元後）	五七	倭《わ》の奴国《なこく》の王が後漢《ごかん》（中国）に使いを送り、金印をさずかる
	二三九	邪馬台国《やまたいこく》の女王卑弥呼《ひみこ》が魏《ぎ》（中国）に使いを送る（▼文《ふみ》くださいね卑弥呼より）239

区分	年代	できごと（年代早覚え）
奈良時代《ならじだい》 8世紀	七一〇	**都を平城京《へいじょうきょう》に移《うつ》す**（▼**なんときれいな平城京**）710
	七四三	開こん地の永久私有《えいきゅうしゆう》をみとめる（墾田永年私財法《こんでんえいねんしざいのほう》）
	七五二	東大寺《とうだいじ》の大仏《だいぶつ》が完成する
	七九四	**都を平安京《へいあんきょう》に移す**（▼**鳴くようぐいす平安京**）794
平安時代《へいあんじだい》 9世紀	八六六	藤原良房《ふじわらのよしふさ》が摂政になる
	八九四	菅原道真《すがわらのみちざね》の進言で遣唐使を停止
10世紀	九三五	平将門《たいらのまさかど》の乱《らん》が起こる（〜四〇）
11世紀	一〇一六	藤原道長《ふじわらのみちなが》が摂政となる
12世紀	一一五六	保元《ほうげん》の乱《らん》が起こる
	一一五九	平治《へいじ》の乱《らん》が起こる
	一一六七	平清盛《たいらのきよもり》が太政大臣《だいじょうだいじん》になる

古墳《こふん》時代／飛鳥《あすか》時代

世紀	年	できごと
	四世紀ごろ	各地に古墳がつくられる
	五世紀ごろ	大和政権《やまとせいけん》が国内をほぼ統一《とういつ》する
6世紀	五三八	百済《ペクチェ》《くだら》（朝鮮《ちょうせん》）の王から仏教《ぶっきょう》の経典《きょうてん》と仏像《ぶつぞう》がおくられる（五五二年とも）
6世紀	五九三	聖徳太子《しょうとくたいし》が推古天皇《すいこてんのう》の摂政《せっしょう》となる（▼国民《593》歓迎《かんげい》太子の政治《せいじ》）
7世紀	六〇三	聖徳太子が冠位《かんい》十二階《かい》を定める
7世紀	六〇四	聖徳太子が十七条《じょう》の憲法《けんぽう》を定める（▼群《む》れよる《604》民《たみ》に十七条の憲法）
7世紀	六〇七	遣隋使《けんずいし》を送る
7世紀	六〇七	聖徳太子が法隆寺《ほうりゅうじ》を建てる
7世紀	六三〇	第一回遣唐使《けんとうし》を送る
7世紀	六四五	大化《たいか》の改新《かいしん》が行われる
7世紀	六六三	白村江《はくすきのえ》《はくそんこう》の戦いで日本軍が唐《とう》（中国）と新羅《シルラ》《しらぎ》（朝鮮）の連合軍に敗れる
7世紀	六七二	壬申《じんしん》の乱《らん》が起こる
8世紀	七〇一	大宝律令《たいほうりつりょう》を定める
8世紀	七〇八	和銅開珎《わどうかいちん》《ほう》をつくる

鎌倉《かまくら》時代／室町《むろまち》時代／戦国《せんごく》時代

世紀	年	できごと
	一一八五	壇ノ浦《だんのうら》の戦いで平氏《へいし》がほろびる
	一一八五	源頼朝《みなもとのよりとも》が守護《しゅご》・地頭《じとう》を置く
	一一九二	**源頼朝が征夷大将軍《せいいたいしょうぐん》になる**（▼いい国《1192》つくろう頼朝将軍）
13世紀	一二二一	承久《じょうきゅう》の乱《らん》が起こる
13世紀	一二三二	北条泰時《ほうじょうやすとき》が御成敗式目《ごせいばいしきもく》を定める
13世紀	一二七四	文永《ぶんえい》の役《えき》が起こる（元寇《げんこう》）
13世紀	一二八一	弘安《こうあん》の役《えき》が起こる（元寇）
14世紀	一三三三	**鎌倉幕府がほろびる**（▼北条の一味散々《1333》鎌倉滅亡《めつぼう》）
14世紀	一三三三	後醍醐《ごだいご》天皇の建武《けんむ》の新政《しんせい》が始まる
14世紀	一三三八	足利尊氏《あしかがたかうじ》が征夷大将軍になり、京都に幕府を開く
14世紀	一三七八	**足利義満《あしかがよしみつ》が室町に幕府を移す**（▼いざおこな《1378》わん政治は室町）
14世紀	一三九二	足利義満が南北朝《なんぼくちょう》の統一《とういつ》を実現する
15世紀	一四六七	応仁《おうにん》の乱《らん》が起こる（～七七）
16世紀	一五四三	種子島《たねがしま》に鉄砲《てっぽう》が伝えられる
16世紀	一五四九	ザビエルがキリスト教を伝える

区分	江戸《えど》時代	安土桃山《あづちももやま》時代	戦国《せんごく》時代
	17世紀	16世紀	

年代	できごと（年代早覚え）
一五六〇	織田信長《おだのぶなが》が桶狭間《おけはざま》の戦いで今川《いまがわ》を破《やぶ》る
一五七三	**織田信長が室町幕府《むろまちばくふ》をほろぼす**（▼**ひとことなみだの室町幕府**）1573
一五七五	信長が長篠《ながしの》の戦いで武田《たけだ》を破る（▼**人々粉々《こなごな》長篠で**）1575
一五八二	明智光秀《あけちみつひで》が織田信長をたおす（本能寺《ほんのうじ》の変《へん》）
一五八二	豊臣秀吉《とよとみひでよし》が太閤検地《たいこうけんち》を始める
一五八八	豊臣秀吉が刀狩令《かたながりれい》を出す
一五九〇	豊臣秀吉が全国を統一《とういつ》する
一五九二	秀吉が朝鮮《ちょうせん》に兵《へい》を出す（文禄《ぶんろく》の役《えき》）
一五九七	秀吉が再び朝鮮に兵を出す（慶長《けいちょう》の役）
一六〇〇	徳川家康《とくがわいえやす》が関ケ原《せきがはら》の戦いで勝つ
一六〇三	**徳川家康が征夷大将軍《せいいたいしょうぐん》になり、江戸幕府《えどばくふ》を開く**（▼**家康は一路王座《いちろおうざ》にまっしぐら**）1603
一六一五	大阪《おおさか》夏の陣《じん》で豊臣氏がほろびる

[協力者]

- ●まんが＝人見倫平・工藤ケン
- ●編集協力＝冬陽社・鈴木俊男
- ●表紙デザイン＝ノカムラグラフ＋ノモグラム
- ●本文デザイン＝久下尚子
- ●ＤＴＰ＝明昌堂　管理コード　20-1772-0996（CS3）
- ●写真＝学研写真・資料センター
- ●図版＝O_2・曽根田フィニッシュワーク

［この本は，下記のように環境に配慮して制作しました。］
◉製版フィルムを使用しないCTP方式で印刷しました。
◉環境に配慮して環境に配慮した紙を使用しています。

中学入試 まんが攻略BON! 歴史 —上巻—